KLETT-COTTA

Dirk Revenstorf

Die geheimen Mechanismen der Liebe

7 Regeln für eine
glückliche Beziehung

Klett-Cotta

Klett-Cotta
www.klett-cotta.de
© J. G. Cotta'sche Buchhandlung Nachfolger GmbH, gegr. 1659,
Stuttgart 2008
Alle Rechte vorbehalten
Fotomechanische Wiedergabe nur mit Genehmigung des Verlags
Printed in Germany
Schutzumschlag: Finken & Bumiller, Stuttgart
Foto: www.photocase.com/mickmorley
Gesetzt aus der Minion von Elstersatz, Wildflecken
Auf säure- und holzfreiem Werkdruckpapier gedruckt
und gebunden von Clausen & Bosse, Leck
ISBN 978-3-608-94547-8

Zweite Auflage, 2008

Bibliografische Information der Deutschen Nationalibliothek
Die Deutsche Nationalbibliothek verzeichnet diese Publikation in der
Deutschen Nationalbibliografie; detaillierte bibliografische
Daten sind im Internet über http://dnb.d-nb.de abrufbar.

Elsbeth gewidmet
Die meine Liebe wachsen lässt
Wie die Nacht den Mond

Inhalt

Inhalt	
Danksagung	9
Vorwort	11
Einleitung	15
Teil I: Fundamente	19
Glück	21
1 Streben nach Glück	21
2 Zufriedenheit, Freude, Glück	23
3 Leidenschaft und Sinn	25
Sexualität und Erotik	28
4 Genitale Sexualität	28
5 Erotische Sexualität	31
Verliebtheit und Liebe	38
6 Verliebtheit	38
7 Liebe – und was dafür gehalten wird	43
8 Partnerwahl und Biografie	51
9 Passung und Konflikt	60
Was die Liebe begrenzt	68
10 Biologische Ausstattung	68
11 Macht, Gewalt und Sexualität	74

12 Das Erbe der Neuzeit ... 80
13 Der nicht verfügbare Mann ... 82

Wie die Liebe aussieht ... 87
14 Variationen des Themas Liebe ... 87
15 Vollständige Liebe ... 90
16 Verfall der Liebe ... 93

Teil II: Praxis der Liebe ... 99

Liebe und Entwicklung ... 101
17 Entwicklung des Bewusstseins ... 101
18 Entwicklung der Beziehung ... 108

Stille Verträge ... 116
19 Die Illusion des Nachholens ... 116
20 Explizite und implizite Verträge ... 123
21 Wachstum in der Beziehung ... 127

7 Regeln für eine glückliche Beziehung ... 137
Was es zu bewahren gilt ... 137
Regel 1: Verzichten Sie auf Bewilligungen! ... 144
Regel 2: Nehmen Sie die Delegation zurück! ... 147
Regel 3: Erlauben Sie den Groll und begrenzen Sie ihn! ... 154
Regel 4: Schützen Sie die Wunden des Anderen! ... 157
Regel 5: Geben Sie der Liebe einen Raum! ... 164
Regel 6: Pflegen Sie die Leidenschaft! ... 170
Regel 7: Bleiben Sie neugierig auf einander! ... 177
Zusammenfassung: Authentische Liebe ... 181

Nachwort ... 189
Anmerkungen ... 191
Die besprochenen Fallbeispiele ... 194
Literatur ... 195

Danksagung

Für die Lektüre und Mithilfe bei der Editierung des Manuskripts danke ich Silvia Allgaier, Corinna Pupke und Daniela Beutinger. Für zahlreiche inhaltliche Anregungen bin ich vielen, besonders aber Halko Weiss verbunden, von dem ich nicht aufhöre zu lernen. Evelio Lobaina hat mir die Poesie der Liebe näher gebracht. Ich möchte auch Mechthild Beren danken, die mit wenigen Worten für unsere Beziehung viel getan hat. Die beste Ratgeberin, die ich mir vorstellen kann, ist Elsbeth, meine Frau; sie hat mir unbeirrbar gezeigt, wo ich unter theoretischen Spekulationen versuche, eigene Schwächen zu verbergen, und wo ich besser noch einmal genauer nachdenken sollte. Vieles, was uns beschäftigt, kann sie in klare Worte fassen, und manches würde ich nicht zu Papier bringen, wenn wir nicht darüber geredet hätten. So ist das, was ich geschrieben habe, erst durch sie möglich geworden.

Vorwort

*Liebe ist der Schlüssel,
der das Gefängnis öffnet,
in dem unsere Seele gefangen ist.*

Die meisten Liebesfilme enden, wenn sich die Liebenden gefunden haben. Dieses Buch handelt davon, wie es danach weitergehen kann. Liebe ist kompliziert. Aber sie ist so wunderbar, dass es unglaublich dumm wäre, auf sie zu verzichten nur um sich die Mühe zu ersparen, an der Beziehung zu arbeiten. Ich selbst bin wie ein Blinder durch den Dschungel von Liebesbeziehungen geirrt und habe tastend nach dem richtigen Weg gesucht. Dabei taten sich immer neue Rätsel auf, wenn das Liebesglück unverhofft da war – und sich dann wieder auflöste wie der Morgennebel. Eine Vielzahl von klugen und bereichernden Büchern durchstöberte ich nach Hinweisen, wie eine Liebesbeziehung gelingen kann, und fand in jedem Buch wieder andere Behauptungen darüber, was für die Liebe nötig sei: Die Sexualität sei wichtig, die Fürsorglichkeit, das Fremde, das Vertraute, die Toleranz, die gemeinsamen Visionen, die Autonomie und das Wachstum. Vermutlich ist an allem etwas dran, aber wie hängt es zusammen? Wie wollte ich den Paaren helfen, die im Irrgarten der Liebe verzweifelten, wenn sich die vielen Puzzlestücke nicht zu einem verstehbaren Bild zusammenfügen?

Allmählich – nicht zuletzt durch das Privileg, mit Paaren und Einzelnen über ihr Unglück in der Liebe sprechen, sie zeitweilig auf ihrem Weg begleiten und gemeinsam die Stolpersteine ihrer Beziehungen beiseite räumen zu können – wurden Umrisse davon deutlich, was zu einer gelungenen Liebesbeziehung gehört. Es ist viel, was dabei ineinander verzahnt ist, und es ist hilfreich, etwas davon zu verstehen. Am Ende schrumpft es auf wenige Dinge zusammen, die das Glück in der Liebe ausmachen. Dieses Buch ist der Versuch, die Bestimmungsstücke und Randbedingungen für eine geglückte Liebesbeziehung zu sichten und umrisshaft zu einem Bild zusammenzufügen. Das Resultat sind sieben Regeln, die es zu beachten gilt, um in der Beziehung glücklich zu bleiben.

Das Buch ist folgendermaßen angelegt: Um zu erkennen, wie diese sieben Regeln zustande kommen, wird im Abschnitt über das Glück beschrieben, warum es sich lohnt, in die Liebe Mühe zu investieren (Kapitel 1–3). Im zweiten und dritten Abschnitt wird geklärt, was unter Sexualität und Erotik, Verliebtheit und Liebe zu verstehen ist: Begriffe, die gelegentlich miteinander verwechselt werden (Kapitel 4–7). Dazu gehört auch die Dynamik der Anziehung zwischen Liebespartnern und die Frage, welche Konflikte darin verborgen sind (Kapitel 8 und 9).

Anschließend untersuchen wir, warum bestimmte Konflikte in Liebesbeziehungen kulturell vorprogrammiert zu sein scheinen. Dazu muss man sich das Ambiente vor Augen führen, in dem Liebesbeziehungen entstehen: Biologische, kulturelle und soziale Randbedingungen sowie die Familie bilden die Nische, in der sich Bindungsmuster entwickeln, welche die Liebesbeziehung formen (Kapitel 10–13). Diese Bestandsaufnahme schließt mit einer Beschreibung der Formen der häufigsten Liebesbeziehungen – sozusagen eine Variation von Liebesbeziehungen an einer Salatgarnitur von Forschungsergebnissen (Kapitel 14–16).

Die Kapitel 1–16 stellen Ihnen die Hintergründe und Voraussetzungen für den dann folgenden praktischen Teil vor – wenn

Sie mehr an den praktischen Einsichten interessiert sind, müssen Sie diesen ersten Teil nicht unbedingt akribisch studieren. Die nächsten beiden Kapitel (17 und 18) sind wichtig, denn in ihnen geht es um des Pudels Kern: Liebe kann nur gelingen, wenn sie sich entwickelt. Wie das geht und woran das Wachstum scheitern kann, wird in den nächsten drei Kapiteln erläutert (19–21), die für das Verständnis des Liebesglücks von besonderer Bedeutung sind. (Falls Sie feststellen, dass etwas, was Sie übersprungen haben, vielleicht doch von Interesse ist, können Sie ja einfach zurückblättern.)

Wenn man von traditionellen Vorstellungen über Ehe und Familie ausgeht, klingen die sieben Regeln vielleicht ungewohnt. Liebe erfordert im Gegensatz zur gewohnten Auffassung nämlich ständige Bemühung und Reformbereitschaft. Die Regeln sind aber überschaubar, weil sie auf wenigen menschlichen Grundwerten beruhen: Verantwortung, Echtheit und Wachstum. Viel Glück – und nun zunächst viel Spaß bei der Erkundung Ihrer ganz besonderen Möglichkeiten, zu lieben und zu wachsen.*

---

* Um den Zusammenhang der beschriebenen *Beispielfälle* im Einzelnen rekonstruieren zu können, wurde vor dem Literaturverzeichnis (S. 194) eine Auflistung der Fälle und ihrer Erwähnung im Text eingefügt.

Einleitung

> Liebe ist die einzige Alchemie,
> die alles in Gold verwandelt.
> Sie ist der einzige Zauber gegen den Tod,
> das Altern und die Langeweile.
> *Anaïs Nin*

Menschen in westlichen Zivilisationen gehen nicht mehr so leicht wie früher verbindliche Beziehungen ein und geben sie auch schneller wieder auf. Sie gehen dennoch immer häufiger Beziehungen aller Art ein.[1] Seit 1975 ist in Deutschland ein Bindungstief und eine ständige Zunahme der Scheidungsrate zu verzeichnen: Die Zahl der Eheschließungen sank um ein Drittel von 500 um 1960 auf 386 pro Tausend Einwohner 2004, während die Scheidungsrate im gleichen Zeitraum von 8 % auf 54 % stieg. Zugleich ist eine größere Vielfalt von Liebesbeziehungen zu verzeichnen. Häufiger werden Zweitehen mit Kindern aus mehreren Familien oder auch Fernehen ohne gemeinsame Wohnung oder Kinder eingegangen; immer mehr Beziehungen verzichten zudem auf die Treueüberprüfung. Bei aller Vielfalt von Beziehungsformen wird aber gleichzeitig eine neue Romantik der Zweisamkeit proklamiert. Offensichtlich bleibt neben dem Glück der Abwechslung im Singledasein die Liebesbindung mit oder ohne Trauschein attraktiv; sie verspricht eine Form von Bezogenheit, die eine tiefe Sehnsucht erfüllt. Wie diese Form aussieht – diese Frage soll uns hier beschäftigen.

Menschen versuchen bekanntlich durch viele Dinge glücklich zu werden – durch Ansehen, Reichtum, Familiengründung,

Hobbys, sportliche Leistung oder meditative Versenkung. All diese Wege sind mit gewissen, manchmal sogar großen Anstrengungen verbunden, aber dafür einigermaßen kontrollierbar. Liebe dagegen wird einem wie ein Geschenk in den Schoß gelegt; sie ist weder willentlich herbeizuführen noch willentlich aufzulösen. Das macht sie riskant wie ein Glücksspiel. Man kann nur versuchen, sie zu halten, wenn sie da ist. Doch schmerzhafte Überraschungen sind nicht auszuschließen: etwa, wenn sich das Sehnen nicht erfüllt oder durch Verlust enttäuscht wird; Kränkung, Trauer und Eifersucht müssen wir dann als Kehrseite des Glücks erleben, die auf ihre Weise verhindern, dass das Leben langweilig wird. Doch es sind nicht nur Spielernaturen, die auf die Liebe als Glücksbringer setzen. Menschen, die es vorziehen, auf der sicheren Seite zu bleiben, sichern sich gern gegen unangenehme Wendungen in der Liebe ab und glauben so unvorhergesehene Momente vermeiden zu können. In gewissem Ausmaß geht das, wenn man Liebe auf eine freundschaftliche oder pragmatische Form zurechtstutzt. Auf der anderen Seite wird durch unvorhergesehene Momente – schöne und schreckliche – das eigene Leben rückblickend zum lesenswerten Roman – und wer will schon einen langweiligen Roman gelebt haben?

Liebe sei das stärkste Motiv des Menschen, sagt der englische Philosoph Bertrand Russell. Sie verhöhnt den Verstand, indem sie einen unwiderstehlichen Sog ausübt, sich auf das Unberechenbare einzulassen. Wenn sie einen erfasst hat, wird der Egoist selbstlos und der Angriffslustige mindestens vorübergehend sanftmütig; sie stellt, und das ist vielleicht das Wichtigste an ihr, ein natürliches Gegengewicht zur Aggression dar. Ohne Liebe hätten sich die Menschen wohl schon längst ausgerottet, denn ihnen ist die natürliche Beißhemmung innerhalb der Spezies verloren gegangen, welche die in dieser Hinsicht viel »humaneren« Tiere noch haben.

Aber die Bindung an den Partner in Liebe ist nicht nur Idylle. Wenn der Rausch der Verliebtheit verebbt, kann sie unversehens zur Tortur und zum Gefängnis werden. Man muss dem Anderen Rechenschaft ablegen wie ein Schulkind, darf nicht kommen und gehen, wie es einem gefällt. Rücksicht, Umsicht und Fürsorglichkeit sind gefragt; Kompromisse und Verzicht drohen; die persönliche Freiheit ist in Gefahr. Die Liebenden teilen Tisch und Bett, und wie leicht beginnen sie, sich mit weitergehenden Ansprüchen zu tyrannisieren:

»Warum rufst du nicht zwischendurch an?«

»Du denkst nicht an mich!«

»Mach das Licht aus, lies nicht im Bett!«

»Wieso berührst Du mich so selten?«

»Du schnarchst«, »du schmatzst«, »du krümelst« usw…

Mit einem Wort: »Warum bist Du nicht so, wie ich dich gerne hätte?« Vorwürfe, Verbote und Einengungen machen das Liebesglück schnell zum Alptraum. Woran liegt das, und wie lässt sich das vermeiden?

Die Liebe verspricht eine Art Schutzimpfung gegen Einsamkeit und Schicksalsschläge – so wie es der Aphorismus von Anaïs Nin behauptet, der über diesem Kapitel steht. Warum sonst verliebt man sich noch in Lebensphasen, in denen man keine Kinder mehr zeugen und gebären kann? Liebe bietet scheinbar auch die Möglichkeit, Verpasstes nachzuholen oder misslungene Bindungsmuster in der Hoffnung zu wiederholen, die negativen Erfahrungen der Vergangenheit zu revidieren. Beides entsteht aus einer Bedürftigkeit, die zu Enttäuschungen führt und die eigentliche Liebe verschleiert.

Und was ist die eigentliche, wahre Liebe? Zwei Menschen ziehen sich auch deshalb magnetisch an, weil jeder im Anderen mehr sieht, als im Alltag in Erscheinung tritt; er sieht das, was in ihm möglich ist, und das, was mit dem Anderen gemeinsam erreicht werden kann. Damit das wahr wird, muss man bereit sein, durch die anfängliche Enttäuschung hindurchzugehen. Wie man das schafft, wird auf den folgenden Seiten beschrieben. Außer der Revision von misslungener Vergangenheit und Immunisierung gegen unsichere Zukunft macht Liebe nämlich eine bestimmte Art von Entwicklung möglich. Entwicklung hat viele Aspekte: Überwindung von inneren Hemmungen, Ausbau von Kompetenzen, Abgrenzung und Sieg über äußere Schwierigkeiten oder Gegner und Erweiterung des Erfahrungshorizontes. Das alles kann zu einer Festigung der Person und einem erfüllten Leben beitragen. Auch das Einlassen auf jemand Anderen kann zu einem erfüllten Leben beitragen. Von außen betrachtet, scheint es allerdings, als seien die Liebe zu einer anderen Person und die eigene Entwicklung gegenläufige Interessen. Man möchte sie getrennt verfolgen und glaubt, dass die Energie, die in den einen Bereich investiert wird, im anderen fehlt. Viele Menschen meinen sich entscheiden zu müssen – in unserer Kultur Männer eher für die persönliche Entwicklung, meist die Karriere, und Frauen für die Beziehung. Aber es ist ganz anders. Nichts mobilisiert so viel Energie wie Liebe. Sie ist eine treibende Kraft – nicht nur für die Erhaltung der Art, sondern auch für die Menschen, sich auf unsichere Perspektiven wie Familiengründungen einzulassen. Und sie stellt die Energie dafür zur Verfügung, dass beide Partner sich weiterentwickeln.

Die These dieses Buches lautet, dass die persönliche Entwicklung durch eine gelungene Liebesbeziehung gefördert wird und eine Liebesbeziehung umso besser gelingt, je weiter die Person entwickelt ist. Es sind zwei mit einander verschränkte Vorgänge. Bevor wir uns diesem Prozess zuwenden, soll zunächst geklärt werden, was unter Glück zu verstehen ist und wie Sexualität, Erotik und Bindung in der Liebe zusammenkommen.

Teil I

Fundamente

Glück

Sexualität und Erotik

Verliebtheit und Liebe

Was die Liebe begrenzt

Wie die Liebe aussieht

Glück

1 Streben nach Glück

In einer individualistischen Gesellschaft wird das Glück der Einzelnen groß geschrieben. Das ist uns seit der Aufklärung und der Französischen Revolution gestattet, und es soll für jeden gelten – so werden etwa in der amerikanischen Unabhängigkeitserklärung von 1776 Leben, Freiheit und das Streben nach persönlichem Glück (»the pursuit of happiness«) als menschliche Grundrechte postuliert. Der durchschnittliche Bürger westlicher Kultur versucht danach zu handeln. Vor allem versucht er gesellschaftlich und geschäftlich erfolgreich zu sein. Neben dem Ansehen, das Geld mit sich bringt, dient es dazu, Dinge anzuschaffen, die das Leben bequem und sicher machen. Diese Dinge werden von vielen als der Weg zum Glück gesehen: ein eigenes Heim, ein schickes Auto, exklusive technische Geräte, teure Modeartikel, interessante Reisen, eine materielle Altersvorsorge und so weiter.

So individualistisch ist der Glücksanspruch, dass seit geraumer Zeit viele Männer und Frauen vom Familienwesen zum Single mutieren. Sie ziehen es vor, mehr und mehr nur noch für sich selbst sorgen, während es bis vor wenigen Jahren üblich war, mit dem Gewinn aus der Karriere seine Familie zu beglücken. Kinder werden eine Sache der Planung, und zunehmend entscheiden sich Menschen für Liebe ohne Beziehung, Beziehung ohne Liebe, mit oder ohne Nachwuchs – oder gelegentlich auch für Nachwuchs ohne Liebe oder Beziehung.

Für viele verwirklichen sich Lebensträume durch eine Mischung aus attraktiver Fassade und dem Luxus der Selbstverwöhnung. Man kann dies als Ziel und Sinnerfüllung ansehen. Ob man damit glücklich wird, ist fraglich. Man wird wohl *zufrieden* sein, nämlich in dem Maße, wie damit subjektiv wichtige Bedürfnisse erfüllt werden und man im ökonomischen Vergleich gut abschneidet. Tatsächlich zeigen soziologische Untersuchungen, dass Menschen in materiell gesicherter Existenz zufriedener sind[2], ohne dass sich allerdings die Zufriedenheit durch materielle Sicherheit beliebig steigern ließe.

Freude wird dadurch ohnehin nicht garantiert, denn Freude heißt angenehm überrascht werden. Die Freude schwindet, wenn die Bedürfniserfüllung zur Routine wird. Um Freude zu spüren, müsste man wie ein Kind Neues erleben, dessen positives Ergebnis nicht selbstverständlich ist. Und was ist *Glück*?

Wenn wir uns selbst vergessen können, wenn Bedürftigkeiten verschwunden sind und wir uns etwas Umfassendem geöffnet oder von etwas Bedrückendem befreit haben, dann empfinden wir Glück – etwa wenn wir einer schweren Krankheit oder einem Unglück entkommen sind, wenn wir von einer Vision, einem Projekt erfüllt sind oder von einem Gedanken, der uns fasziniert. Dabei wachsen wir ein bisschen über uns hinaus und kreisen nicht mehr nur um uns selbst.

Wie kann man sich dem Glück nähern, das als Menschenrecht in Aussicht gestellt wird? Wir sind zum Glück verdammt, sagen Kulturkritiker wie Paul Bruckner, und wir haben ständig die Erfolgsidole und Werbemodels vor Augen, deren Gesichter uns aus den Medien entgegenstrahlen. Haben *sie* es geschafft? Müssen wir also nur schöner, reicher und berühmter werden?

Oder werden wir durch die Bilder getäuscht, und Glück erfordert etwas ganz anderes?

2 Zufriedenheit, Freude, Glück

Eine Möglichkeit des Glücks besteht darin, das Leben »fließen« zu lassen, indem wir es mit innerlich motivierten Tätigkeiten ausfüllen, die zu dem verhelfen, was der bekannte Glücksforscher Mihalyi Czikszentmihalyi »Flow« nennt. Es zeichnet sich durch sieben Qualitäten aus:
1) Herausforderung an der Kompetenzgrenze
2) Handlung und Bewusstsein sind eins
3) Zustand müheloser Hingabe
4) Klare Ziele und unmittelbare Rückmeldung dazu
5) Geschehnisse sind unter unserer Kontrolle
6) Alle sonstigen Sorgen sind ausgeblendet
7) Verlust des Zeitempfindens

Der damit verbundene Bewusstseinszustand hat etwas von einer Tranceerfahrung: Wir sind ganz auf die Sache konzentriert, handeln weitgehend unwillkürlich, und alles Andere wird nebensächlich. Nicht alle Tätigkeiten erlauben es, im Flow zu leben. Sportler, Künstler, Piloten oder Chirurgen haben mehr Gelegenheit zu »fließen« als Fließbandarbeiter. Es kann nicht jeder ein hoch dotierter Spezialist werden, dessen Glück auch noch bezahlt wird. Joggen vermittelt zwar auch außerhalb eines Berufs dieses Gefühl, aber nur relativ wenigen macht es Spaß, täglich 10 km zu laufen.

Eine besondere Art von Flow kann man in der Beziehung zu einem anderen Menschen erleben – etwas, das wir vage mit Liebe umschreiben. Dabei muss man bei Liebesbeziehungen vier Dinge unterscheiden: Genitale *Sexualität* allein macht zufrieden und kurzfristig manchmal auch glücklich; *Erotik* bereitet Freude und Momente des Glücks, sogar Ekstase. Und *Verliebtheit* und *Liebe* können sehr glücklich machen. Die Kunst liegt darin, diese Zustände zu ermöglichen oder sie zumindest zu erhalten, wenn sie uns geschenkt werden.

Es scheint ein tiefes Bedürfnis vieler Menschen zu sein, das Glück in der Liebe zu suchen. Man möchte glauben, die Liebe würde keine besondere Bemühung oder Kompetenz erfordern. Aber das stimmt nicht. Schon die Erotik erfordert gewisse Fertigkeiten, und für die Liebe muss man sich mit dem Herzen engagieren, damit sie erhalten bleibt. Es ist den meisten Menschen nicht bewusst, dass Liebe nicht allein ein überwältigend schönes Gefühl ist, sondern dass sie auch Einsatz erfordert. Man muss sich für die Liebe entscheiden und dafür etwas tun. Liebe ist eine Aktivität, wie der Philosoph Scott M. Peck in seinem Bestseller *Der wunderbare Weg* sagt. Und dennoch kann man sie nicht herbeizwingen. Der Liebe kann man zwar Gelegenheiten geben, aber ob Cupido seinen ersehnten Pfeil abschießt und ob danach nicht durch widrige Umstände das ersehnte Glück »vom Winde verwcht« wird, liegt oft jenseits des persönlichen Einflusses.

Es lohnt sich übrigens auch aus gesundheitlichen Gründen, Mühe in die Beziehung zu investieren, denn offensichtlich bewahrt sie vor zahlreichen körperlichen Missgeschicken: Geschiedene, Verwitwete und Ledige sterben nach der Statistik leichter an allen möglichen Todesursachen – sei es Krebs, Herzinfarkt, Hirnschlag, an Verkehrsunfällen oder Mordanschlägen. Andererseits ist es nicht ungefährlich, sich auf eine Liebe einzulassen. Denn sie kann auch Leiden schaffen – das wollen die meisten Menschen vermeiden. Hier scheint ein Dilemma unserer größten Glücksquelle zu liegen: Emotionen lassen sich nicht steuern – sie ergreifen uns und wir verlieren, anders als beim Flow, leicht die Kontrolle über den Ablauf.

3 Leidenschaft und Sinn

Es gibt offenbar eine ganze Palette von Stadien des Wohlbefindens: von Unbelastetheit über Zufriedenheit, Freude, Glück, Rausch bis hin zur Ekstase. Gemeinsam ist diesen Zuständen die Abwesenheit des Leidens. Es wurde schon vor 2500 Jahren von Buddha und Laotse, ebenso von einigen antiken Philosophen wie Diogenes und Epikur oder Seneca, für schwierig befunden, dem Leiden ganz aus dem Weg zu gehen. Diese Denker und Erleuchteten haben ihre ganze Philosophie und Religion diesem Thema der Eindämmung des Leidens gewidmet.

Seit Christi Geburt allerdings hat das Leiden in der europäischen Kultur eine positive Note bekommen und wurde als Weg durch das Jammertal der Erde zum Paradies gepriesen. Dasselbe galt später für den Islam. Leiden ermöglicht offenbar persönliches Wachstum und Sinnfindung. Männer, die aus dem Krieg heimkommen, berichten nicht selten, der Krieg sei mit allem Gräuel die Zeit gewesen, wo das Leben sinnvoll war. Der Wiener Psychotherapeut Viktor Frankl, der das KZ überlebte, nennt – neben der Liebe und der Hingabe an eine Aufgabe – das Leiden als eine der drei Antworten auf die Suche nach dem Sinn. Im christlichen Mittelalter wurde das Leiden in einer Art Kadaver-Ästhetik gefeiert, wie die unzähligen Märtyrer-Darstellungen, insbesondere Jesusbilder verdeutlichen. Nicht Christus selbst, nicht einmal alle Evangelisten haben das Leiden verherrlicht. Es ist nicht die Bibel, sondern der Biblizismus, der uns die Freude nahm, schreibt der Tübinger Rhetoriker Walter Jens:

»Pure Verzweiflung stellt sich ein, Kopfschütteln zuerst, dann Wut, wenn man, über zweieinhalb Jahrtausende hinweg, die Geschichte der Entleiblichung biblischer Freude verfolgt: diese ebenso bösartige wie feinsinnige Kastration, vorgenommen in

Klöstern, Betstuben, Bibliotheken ... Ein Prozess, der mit Paulus begann, über Augustinus und Thomas von Aquin führte ...« (S. 204)

Erst die Renaissance hat die dem Leben zugewandte Haltung der Antike wieder aufleben lassen. Wissenschaft, Technik, Handel und Demokratie haben seitdem das Glück für einige Menschen in greifbare Nähe gerückt, anstatt es für eine andere Welt in Aussicht zu stellen, wo das Versprechen unüberprüfbar bleibt. Tatsächlich haben diese Errungenschaften der westlichen Zivilisation die Lebensqualität in den letzten Jahrhunderten im Durchschnitt deutlich verbessert – allerdings können global gesehen bisher nur etwa 6 % der Menschheit sich richtig daran freuen, nämlich die, die das Glück haben, in Ländern wie Westeuropa oder den USA zu leben.

Manche Menschen glauben vielleicht, das Glück ließe sich bannen, wenn sie alles im Griff haben: Karriere, Bankkonto, Beziehung und Gesundheit. Aber das stimmt nicht. Glück ist wie alles Lebendige; es lässt sich nicht so leicht festhalten; man kann die Momente des Glücks lediglich genießen und hoffen, dass sie sich auch in Zukunft wieder einstellen. Denn sobald alles seinen geregelten Lauf geht, entsteht die Frage, wozu dieser »Normalzustand« gut sei; die reine Erfüllung der Routine kann uns zwar beschäftigen und bestenfalls von der Sinnfrage ablenken, nicht aber einen Sinn vermitteln, geschweige denn uns glücklich machen. Als sinnvoll empfinden wir das Leben, wenn wir uns einer Leidenschaft hingeben, sagt der zeitgenössische amerikanische Philosoph Robert Solomon – selbst wenn diese Leidenschaft zerstörerisch ist. Dies wird auf makabre Weise im Krieg deutlich, wo die Hingabe an das Gemetzel und den eigenen Untergang manchen Soldaten das Gefühl gibt, dass das Leben einen Sinn hat – so nahe am Tod. Allerdings wäre es ein Hohn, wollte man den Krieg dadurch glorifizieren und die Toten vergessen und die Unzähligen, die ihn zwar überstanden haben, aber für den Rest ihres Lebens durch Verwundung und Traumatisierung körperlich und seelisch zerstört sind. Der angenehmere Weg ist es da schon, in der Liebe einen Sinn zu finden.

Die Leidenschaft der Verliebtheit kann dem Leben einen Sinn geben, nur dauert sie im Allgemeinen nicht an. Liebe dagegen kann überdauern, dem Leben einen Sinn geben und glücklich machen. Sie ist etwas, was langsam entsteht; sie braucht Gelegenheit und Kunstfertigkeit und erfordert langfristig ein persönliches Wachstum, denn sie gelingt offenbar nur, wenn sich die Partner gemeinsam weiterentwickeln. Und das ist die Grundthese dieses Buches. Auf den nächsten Seiten sollen diese vier wünschenswerten Zustände der sexuellen Hingabe, der erotischen Ekstase, der Leidenschaft der Verliebtheit und der Liebe genauer untersucht werden, um herauszufinden, welche Funktion sie haben und wie sie in einer erfüllten Liebe zusammenkommen.

Sexualität und Erotik

4 Genitale Sexualität

Von biologisch orientierten Autoren wird Liebe häufig auf den animalischen Sexualtrieb reduziert.[3] Wie die Tiere haben auch Menschen elementare sexuelle Bedürfnisse, die unter anderem der Fortpflanzung dienen. Der sexuelle Trieb lässt zwar in der Regel beim Mann ab dem 20. und bei der Frau ab dem 30. Lebensjahr allmählich nach, bleibt aber im Alter – bei der Frau auch nach der Menopause – lange erhalten, kann also nicht allein dazu gedacht sein, der Zeugung zu dienen. Der Neurobiologe Gerald Hüter geht sogar so weit, zu bezweifeln, dass die Sexualität überhaupt der Fortpflanzung dient, da es zahlreiche Arten von Lebewesen gibt, die sich ungeschlechtlich durch Teilung oder Sprossung oder durch Jungfernzeugung fortpflanzen. Die geschlechtliche Fortpflanzung ist damit verglichen ziemlich kompliziert und krisenanfällig. Die Fortpflanzung ist daher womöglich gar nicht das Hauptziel der Sexualität, sondern eher ein Nebenprodukt.

Die menschliche Sexualität unterscheidet sich von der tierischen durch die »Dauerbrunft«.[4] Seit vielen hunderttausend Jahren haben die Vorfahren des heutigen homo sapiens die permanente Lust erworben – es scheint fast wie eine irrationale Ergänzung zur gleichzeitigen Weiterentwicklung des Kortex zum Vernunft-Apparat.

Sexualität in der begrenzten genitalen Form ist als Onanie, »Quicky«, »One-night stand«, Prostitution, Sextourismus usw. geläufig. Auch in persönlichen Beziehungen kann der Geschlechtsakt wie eine Masturbation an einer lebenden Attrappe stattfinden und so der Auflösung von Triebstaus, der Stimulation oder Entspannung und der Selbstbestätigung dienen. Der Partner ist dabei mehr oder weniger austauschbar.

Die sexuelle Revolution in der zweiten Hälfte des letzten Jahrhunderts hat zwar für die Ausübung der Sexualität viel mehr Freiheit geschaffen als in den vorangehenden Jahrhunderten denkbar war. Man darf aber nicht glauben, die genitale Sexualität sei heute nicht mehr tabuisiert. Es ist nicht zu verkennen, dass sich diese Freiheit bisher hauptsächlich die »herrschende Klasse« im Patriarchat, nämlich die Männer, zu Nutze machen, die allein in den USA jährlich 500 Millionen Dollar für Pornografie ausgeben. Libertinage hat zwar den Anschein von Freiheit, kann aber eine adaptierte Form der Ausbeutung sein, wenn etwa der 75-jährige Hugh Hefner sich mit zahlreichen Blondinen zwischen 22 und 27 umgibt, die alle gern im Centerfold seines *Playboy* erscheinen möchten. Ganz unverhohlen und fast zynisch zeigt sich die Ungleichheit in den Videoclips von mtv, wenn Hip Hop-Machos spärlich bekleidete Schönheiten an Hundeleinen um sich herum drapieren. Allerdings werden sexuelle Freiheiten zunehmend mehr auch von Frauen in Anspruch genommen: als käufliche Liebe von Gigolos, in Swinger-Clubs oder als schlichte Affäre.

Wenn man die sexuelle Partnerwahl als Mittel für eine genetische Auslese für die Nachkommen betrachtet, ist der Partner ebenfalls austauschbar, wenn auch nicht beliebig. Es ist bekannt, dass Frauen der Geruch des Schweißes solcher Männern anzieht, deren Immunprofil das ihre vorteilhaft ergänzt. Männer dagegen orientieren sich eher an visuellen Reizen der

Frau wie bestimmten Symmetrieeigenschaften des Gesichts, und den Körperformen, etwa der Ästhetik des Busens und der Hüften, sowie an Zeichen von Jugendlichkeit, als böten diese Eigenschaften eine gewisse Garantie für Gebärfreudigkeit und Gesundheit, das heißt positive Auslese der Nachkommen.

Dass Männer durch visuelle Stimuli besonders leicht angeregt werden, erklärt vielleicht ihre größere Neigung zum Fetischismus. Aus diesem Grund tendieren sie auch stärker als Frauen zum Voyeurismus; sogar durch den Anblick der eigenen Geschlechtsorgane werden Männer stimuliert, was die Exhibitionismus-Neigung mancher Männer erklärt. Frauen dagegen kultivieren unübersehbar einen in der Mode subtil ausdifferenzierten und gesellschaftlich akzeptierten Exhibitionismus. Im Übrigen sprechen sie mehr auf Signale der Aufmerksamkeit, Hinweise auf gute Versorgung und emotionalen Ausdruck an als auf die optischen Reize des Mannes. Darauf ist es wohl zurückzuführen, dass man häufiger attraktive junge Frauen in Begleitung wenig attraktiver älterer Männer sieht als umgekehrt.

Die unterschiedlichen Auswahlstrategien von Mann und Frau werden mit dem männlichen Bedürfnis nach Vermehrung und dem weiblichen Bedürfnis nach Aufzucht in Zusammenhang gebracht. Die Annahme, dass Männer eher wechselnde Partner und Frauen eher stabile Beziehungen bevorzugen, ist jedoch vermutlich ein männlicher Irrtum. Denn wo sollten die Männer ihre vielen Partnerinnen herbekommen, wenn es nicht eine entsprechende Promiskuität bei den Frauen gäbe? Außerdem zeigt die geschätzte Zahl von 10 bis 30 % Kuckuckskindern, dass Frauen heimlich fremdgehen. Offenbar lügen beide Geschlechter in dieser Frage: Männer übertreiben und Frauen untertreiben ihre Neigung zu Affären (siehe Kapitel 10).

Dass Frauen und Männer gleich häufig (70 %) die sexuelle Unterwerfung der Frau phantasieren, ist evolutionsgeschichtlich so erklärt worden, dass die Kopulation schon bei Reptilien, Vögeln und den meisten Säugern in der Form vollzogen wird, dass das Männchen dem Weibchen von hinten aufhockt.[5] Man könnte auch spekulieren, dass Frauen in den patriarchalen Kulturen unserer Zeit sich zur Sexualität weniger berechtigt fühlen als Männer und sich durch das Arrangement der Unterwerfung nicht schuldig fühlen müssen. Gemeinsam ist beiden Geschlechtern, dass das sexuelle Verlangen durch die Produktion des Sexualhormons Testosteron beeinflusst wird. Diese wird beim Mann visuell stimuliert; bei der Frau ist sie beim Eisprung erhöht, aber selbst nach einer Entfernung der Eierstöcke kann sie durch Substitution bis ins hohe Alter aufrechterhalten werden kann.

Genitale Sexualität kommt losgelöst von jeder Bindung als eigenes Phänomen vor. Die sexuelle Vereinigung ist allerdings bei jeder Verliebtheit ein großes Bedürfnis, und in der überdauernden Liebe trägt sie entscheidend zur Lebendigkeit und Leidenschaft der Beziehung bei.

5 Erotische Sexualität

Es scheint etwas spezifisch Menschliches zu sein, dass Sexualität nicht der Fortpflanzung allein dient, die ja sogar ohne den Orgasmus der Frau auskommt, sondern als Erotik in verschiedenen Kulturen zu einer lustvollen Kunst sinnlicher Erfahrung mutiert ist. Sie macht, folgt man den Beschreibungen und Anleitungen des Tantra und des Taoismus, Ekstase und sogar spirituelles Wachstum möglich.[6] Eine positive Haltung gegenüber der Sexualität gab es in der Jungsteinzeit vermutlich auch in den mutterrechtlichen Ackerbau-Gesellschaften des mediterranen Abendlandes. Dort wurden Frauen ebenso wie die Sexualität in unmittelbarem Zusammenhang mit der Fruchtbarkeit gesehen und entsprechend hoch geschätzt. So stellt es die Anthropologin Riane Eisler in ihrem Buch »*Sacred love*« dar, in dem sie das Verhältnis von Mann und Frau und den Stellenwert der Sexualität in der Zeit von etwa 10 000 bis etwa 3000 vor Christi Geburt beschreibt. Mit dem Untergang dieser Kulturen vor mehr als 5000 Jahren und dem Aufkommen der jüdisch-christlich-islamischen Religionen ist die unzweideutige Wertschätzung der Sexualität zunächst verloren gegangen (siehe Kapitel 11).

Anders im fernen Osten: Nach der erwähnten *taoistischen* Philosophie im alten China z. B., die etwa 2500 Jahre alt ist, profitiert die Gesundheit des Mannes von der Yin-Energie des weiblichen Orgasmus, und zwar am meisten, wenn er seine Ejakulation möglichst lange und oft hinauszögert. Sollte er es schaffen, einer oder mehreren Frauen zu insgesamt 99 Orgasmen zu verhelfen, bevor er selbst ejakuliert, würde er angeblich unsterblich werden, aber schon bei 16 Orgasmen, die er den Frauen schenken kann, würde er bemerkenswerte 90 Jahre alt werden.[7] Dabei wird angenommen, dass der Mann durch die Ejakulation geschwächt wird, während die Frau im Orgasmus keine Energie verliert. Daher sollte der Mann – besonders wenn er älter wird – lernen, seine Ejakulation zurückzuhalten, um sich nicht zu verausgaben. Das gelingt ihm dadurch, dass er den Vorgang der *Emission* des Samens aus dem Hoden bis in den Anfang der Harnröhre einerseits und die *Ejakulation* unter Beimengung der Prostata-Flüssigkeit zu trennen lernt. Dass dies mit einiger Übung gelingen kann, widerspricht dem Mythos vom ›point of no return‹: der Meinung, dass die Ejakulation unvermeidbar sei, wenn die Emission einmal eingeleitet ist.

Die Verzögerung der Ejakulation gelingt durch Druck- und Verschlusstechniken, die in der Sexualtherapie angewendet werden.[8] Wenn bei sich anbahnender Ejakulation mit den Fingern Druck auf die Peniswurzel oder auf die sensible Zone unterhalb der Eichel ausgeübt wird, lässt sich der Vorgang der Ejakulation verhindern. Die Prostataflüssigkeit wird zurückgehalten, und der Samen verbleibt im Samenleiter. Mit etwas Training kann der Mann die Unterbrechung mental steuern und kommt ohne manuellen Druck aus. Dieser erste Teil des männlichen Orgasmus von der lustvollen Stimulation bis zur Emission erzeugt das Gefühl einer inneren Spannungsabfuhr, die mehrfach wiederholt werden kann.

Auf diese Weise kann der Mann beliebig lange koitieren und mehrfache innere Orgasmen (Emissionen) haben, ohne zu ejakulieren. Er bewahrt seine Yang-Energie, die mit dem Feuer verglichen wird, und die Frau hat genügend Zeit, um einen oder mehrere Orgasmen zu erleben. Dabei verausgabt sie ihre Yin-Energie keineswegs, von der man sagt, sie sei unerschöpflich wie ein Wasserfall. Die taoistische Sexualpraxis könnte man als gesundheitsförderliche Maßnahme bezeichnen. Sie führt gleichzeitig zu einer Abstimmung der sexuellen Stimulation von Mann und Frau, die der Erregungskurve der Frau eher gerecht wird als die blinde Lust des Mannes (Abb. 7 S. 176).

Die hinduistischen Texte des Kamasutra (Sanskrit für Liebeslehre), die um 1880 von dem britischen Kolonialbeamten und Orientalisten Richard Burton aus Indien nach Europa importiert wurden, sowie die *tantrische* Erotik verfolgen mit der Sexualität weniger medizinische als spirituelle Ziele. Die Texte sind etwa 2000 Jahre alt, stützen sich aber auf vorchristliche Quellen. Das Kamasutra ist Teil einer Anleitung zu einem erfüllten Leben, das nach hinduistischer Ethik entsteht, wenn das Gute (Dharma), das Nützliche (Artha) und die Liebe (Kama) gepflegt werden. Im Kamasutra werden zahlreiche Positionen des Geschlechtsverkehrs beschrieben, die der Steigerung der

Lust und der Förderung der sexuellen Ekstase dienen.[9] Sie helfen aber auch die Beziehung zu festigen, die dadurch attraktiv bleibt.

In der tantrischen Erotik geht es um eine Mobilisierung der so genannten Kundalini-Energie im Körper, die aus sieben hypothetischen Energie-Zentren – den Chakren – gespeist wird.[10] Die Chakren verteilen sich entlang der Wirbelsäule vom Beckengrund bis zum Scheitel. Jedes Chakra liefert die Energie zu einem anderem Lebensthema: Das erste so genannte Wurzel-Chakra am unteren Ende der Wirbelsäule ist mit den Überlebensinstinkten verbunden und dem Thema der physischen Stärke. Das nächste, das Sexual-Chakra, ist mit dem Thema der Beziehung und der gefühlsmäßigen Einlassung verbunden. Die nachfolgenden Chakren symbolisieren jeweils höhere Formen der Selbstorganisation: Ich-Stärke und Macht (Bauch-Chakra), Mitgefühl und Liebe (Herz-Chakra), Überzeugung und Kommunikation (Kehlkopf-Chakra), Intuition und Urteil (Stirn-Chakra). Die Energie des obersten Chakras öffnet die Verbindung zum Kosmos (Scheitel-Chakra).

Diese sieben hierarchisch angeordneten Lebensenergien können der sexuellen Ekstase miteinander vereinigt werden, sie durchströmen dann den Körper ungehindert und befähigen das Individuum, die Beziehung zu einem größeren Ganzen zu spüren. Dabei transzendieren Mann und Frau ihr individuelles Selbst durch den Anderen im Medium der Sexualität. Die tantrischen Praktiken dienen ebenso der Erweckung der Lebensenergie wie es die Yoga- und Meditationsübungen tun. Wenn diese Energie mobilisiert wird, erweitert das Individuum – wie in allen Formen der Meditation – seine Grenzen und verbindet sich mit der kosmischen Energie. Bemerkenswert ist, dass in den patriarchalen Gesellschaften des alten Orients eine Kultur der Sexualität bestand, die unvoreingenommen die Lust feierte und den Orgasmus der Frau zur Voraussetzung machte. Diese Auffassung ist so fortschrittlich, dass Burton bei der Übersetzung des 2000 Jahre alten Kamasutra im viktorianischen England mit Strafverfolgung rechnen musste.

Im Gegensatz zur genitalen Sexualität, die der Befruchtung, der Stimulation oder dem Spannungsabbau dient, spielt sich erotische Sexualität nicht in Sekunden oder Minuten ab, sondern kann Stunden dauern. Die Beherrschung dieser kunstvollen Form der Sexualität ist dem Menschen nicht angeboren, sie muss vielmehr erlernt werden. Sie ist nicht primär am Orgasmus orientiert, sondern daran, die Lust zu steigern und sie als kosmische oder göttliche Energie zu erleben und nicht als auf die Genitalien konzentrierte Spannung und deren Entladung.

Mutet diese Fähigkeit zur Steigerung der Lust nicht an wie ein besonderes Geschenk der Natur an den Menschen? Diese Erotik kann ohne Orgasmus erlebt werden, sie kann einen gemeinsamen oder mehrfache Orgasmen beinhalten. In der erotischen Sexualität sind die Partner aufeinander bezogen, öffnen sich gegenseitig mehr als im Alltag und nehmen den Anderen in sich auf. Erotische Sexualität setzt Nähe, jedoch keine Bindung voraus; die Partner sind Begleiter, die sich gegenseitig die Steigerung der Lust und die Transzendenz ermöglichen. Ohne Frage ist es aber einer bestehenden Bindung zwischen zwei Menschen förderlich, wenn sie sich diese Erfahrung schenken können.

Die weibliche und die männliche Art, Sexualität zu leben, sind verschieden, und dieser Unterschied macht einen Teil der Magie der gegenseitigen Anziehung aus. Die männliche Energie trägt etwas anderes zu diesem gemeinsamen Prozess bei als die weibliche Energie. Die männliche Energie gibt dem Prozess die Richtung und die weibliche das Fließen. Damit soll nicht die Rolle von Mann und Frau in uralten Klischees festgeschrieben werden, die von der Emanzipation längst überholt sind. Beide Geschlechter haben männliche und weibliche Anteile, und es kann durchaus der Mann die weiblichen Anteile mehr in die Beziehung einbringen und die Frau die männlichen. Bei der Beschreibung einzelner Fälle wird das deutlich werden (s.u.). Aber eine Nivellierung der Unterschiede von männlicher und weiblicher Energie in der Beziehung wäre langweilig, denn gerade die Polarisierung macht die Spannung aus.

Ganz auf die männliche Rolle fixierte Männer erleben Sexualität vielleicht hauptsächlich als Befreiung: Befreiung von Spannung und Einschränkung. Deshalb tendieren Männer dazu, unmittelbar nach dem Orgasmus einzuschlafen, denn sie sind am Ziel: befreit. Aber das ist nicht das, was Frauen sich wünschen. Die weibliche Energie strebt nach Fülle an Gefühlen und Inhalten. Ein schnarchender Mann passt nicht zum Gefühl emotionaler Fülle. Daher ist es wichtig, dass die Partner sich nicht nur das Gefühl der Befreiung sondern auch das des emotionalen Fließens wenigstens teilweise gegenseitig vermitteln können.[11]

Die Polarisierung der männlichen und weiblichen Anteile in der Beziehung verschwindet in der Begegnung und Verschmelzung vorübergehend. Damit die Polarisierung wiederhergestellt werden kann, ist es ratsam, dass Mann und Frau getrennte Räume und Zeiten für sich beanspruchen. In ständiger Nähe würden sich ihre Energien verschleißen, und sie würden nicht die Gelegenheit haben, sich zu regenerieren. Nähe und Distanz, beide sind nötig, um die Spannung und Attraktivität in der Beziehung aufrechtzuerhalten, und sie bedingen sich gegenseitig.

Das Interessante an der Idee der sieben Formen von Lebensenergie, den Chakren, unabhängig von der Erotik ist, dass auf jeder Stufe eine Polarisierung zwischen den Partnern stattfinden kann und dass auf jeder Stufe Empfindsamkeiten, Konflikte und Heilungschancen in der Beziehung bestehen. Die vitalen Interessen auf der ersten Stufe lassen sich in unserer maskulinen Kultur besser durch männliche Anteile realisieren, während weibliche hier eher verletzt oder sogar vergewaltigt werden. Für die nächste Stufe, die des emotionalen Erlebens, sind die weiblichen Anteile besser gerüstet, wohingegen die männlichen Anteile sich oft vor Vereinnahmung und emotionalem Missbrauch fürchten. Auf der dritten Stufe der Machtausübung wird dem männlichen Anteil mehr Dominanz nachgesehen und zugebilligt, und Frauen machen sich mit dieser Qualität eher unbeliebt.

Auf der vierten Stufe des Mitgefühls wird wieder den weiblichen Anteilen mehr zugetraut. Auf der fünften Ebene von Lebensenergie geht es um Ausdruck, Kreativität und Überzeugung. Da scheinen wieder die männlichen Anteile gute Vorraussetzungen zu bieten. Auf der vorletzten Ebene der Intuition traut man der weiblichen Seite im Menschen mehr Kompetenz zu. Auf der obersten, der spirituellen Stufe verschmelzen männliche und weibliche Energie in der Transzendenz.

Auf jeder dieser Ebenen können sich die Partner polarisieren und das Spannungsfeld, das dadurch entsteht und das möglicherweise durch frühere Verletzungen auf einer oder beiden Seiten vorbelastet ist, konflikthaft oder heilsam erleben.

Genitale und erotische Sexualität sind Formen der körperlichen Begegnung, die alle fünf Sinne stark ansprechen. Sie sind ohne Liebesbeziehung erlebbar, setzen also keine Bindung an die andere Person voraus. Durch die Kraft, die ihnen innewohnt, sind sie allerdings in der Liebesbeziehung eine unerschöpfliche Ressource, weil sie starke Impulse vermitteln, sich mit dem Anderen zu vereinen. Was in der Liebe darüber hinausgeht, wird in den nächsten beiden Abschnitten beschrieben.

Verliebtheit und Liebe

6 Verliebtheit

Erotik und Sexualität sind zunehmend mehr akzeptierte Aspekte von Lebensqualität. Sie blühten lange im schamhaften Abseits der Literatur, die nicht als gesellschaftsfähig galt, wie etwa im *Decamerone* Boccaccios, in de Sades *Justine*, *Lady Chatterley* von D.H. Lawrence oder Henry Millers *Wendekreis des Krebses*. Sexualität und Erotik wagen sich einerseits aus den Nischen der wissenschaftlichen Versachlichung, die ja jenseits von Scham inszeniert wird, und andererseits aus der von männlichen Vorstellungen dominierten Pornografie, die in Schubladen zu verschwinden pflegt. Erotik und Sexualität erobern das bürgerliche Bewusstsein zuerst in der Welt des Kinos, die man hinter sich lässt, wenn es hell wird, und erst danach in der Belletristik, die man leicht wieder zuschlagen kann – etwa in den Büchern Michel Houellebecqs oder dem Roman *Strategie* von Adam Thirwell. Soweit die schwierigen Kandidaten Sexualität und Erotik. Verliebtheit und Liebe dagegen waren schon immer Gegenstand der poetischen Darstellung und Verklärung in Lyrik, Musik, Malerei und Skulptur.

Verliebtheit ist der von Außenstehenden oft nicht nachvollziehbare Wahnsinn vollkommener Hingerissenheit, welche den verliebten Menschen gefangen nimmt. Alle Energie konzentriert sich in Gedanken, Gefühlen und Handlungen auf den sehnlichsten Wunsch, mit der geliebten Person vereint zu sein. Sie kann sich auch in unerfüllter Sehnsucht und Trauer erschöpfen, wenn die geliebte Person unerreichbar ist oder von der Sehnsucht gar nichts weiß.

Verliebtheit ist nach Freud eine illusionäre Verkennung des Objekts. Dabei wird der Andere nicht als ganze Person gesehen; es handelt sich um eine Leidenschaft, die die Schattenseiten des Anderen nicht wahrnehmen möchte. Verliebtheit kann wie ein Rausch sein, wenn sie erfüllt wird und sich mit genitaler Sexualität und Erotik verbindet. Alter, soziale Unterschiede und materielle Aspekte verlieren ihre Bedeutung. Der Betroffene bricht aus der Zwangsjacke der Vernunft aus in die Freiheit der Gesetzlosigkeit. Deshalb meinen die Soziologen Ulrich Beck und Elisabeth Beck-Gernsheim in ihrem Buch »Das ganz normale Chaos der Liebe« wohl auch, die Verliebtheit sei so etwas wie der Ausgleichssport des verkopften Schreibtischhockers; sie bringt uns ab und zu durcheinander, damit die Rationalität nicht überhand nimmt und wir emotional nicht verkarsten. Die Verliebtheit ist wie eine Befreiung von der Qual, sich entscheiden zu müssen, weil der *eine* Impuls zum Anderen hin das Bewusstsein gebieterisch besetzt. Es ist eine Art Besessenheit, die sich anfühlt wie eine Rückkehr in die längst verlorene Instinktleitung. Das ist für manche Menschen so kostbar, dass sie sich immer wieder in die Verliebtheit stürzen und den Rausch genießen, ohne sich je wirklich auf ihr Gegenüber einzulassen. Dann würden sie nämlich mit bestimmten Ängsten in Berührung kommen, die die Bindung betreffen und die bearbeitet werden müssten, bevor Liebe möglich wird.

Verliebtheit macht sich meist an Merkmalen der äußeren Erscheinung fest – besonders wohl bei den eher visuell orientierten Männern (siehe Kapitel 4) –, die vom Verliebten einseitig überzeichnet werden. Der Schönheit des Anderen haftet dabei ein Geheimnis an, das gar nicht gelüftet werden soll. Der Zauber beruht auf der Vermeidung, die banalen Seiten der anderen Person zu sehen; sie bildet die Projektionsfläche für Qualitäten, die etwas mit der eigenen Bedürftigkeit zu tun haben.

Dabei ergibt sich oft eine merkwürdig anmutende Komplementarität. Der Kritiker verliebt sich in den, der zu Schuldgefühlen neigt, der Eifersüchtige in den Untreuen, der Sanftmütige in den Machtmenschen und umgekehrt. In solchen Konstellationen bestätigt sich für beide eine vertraute Erfahrung, und das führt üblicherweise zur Enttäuschung: Der Schuldbewusste fühlt sich beschuldigt, und sein Kritiker argwöhnt Fehlverhalten; der Eifersüchtige fühlt sich betrogen, und der ihm Untreue fühlt sich verfolgt; der Sanftmütige fühlt sich dominiert, und der ihn Kontrollierende fühlt sich in die Verantwortung genommen usw.

Beide aber sind verbunden in der geheimen Hoffnung, dass es in dieser Begegnung anders ausgehen möge. Denn der Verliebte sieht im liebevollen Blick des Anderen die Schönheit seiner eigenen Seele gespiegelt. Das gibt ihm die Zuversicht, seine Begrenzungen hinter sich lassen zu können. Zum anderen ist diese Gegensätzlichkeit eine scheinbare Bereicherung, denn jeder kann an den Partner etwas delegieren, wozu ihm selbst die psychischen Mechanismen fehlen.

Eine Zeit lang habe ich mich immer wieder in eitle Frauen verliebt, weil das meine eigene heimliche Eitelkeit befriedigte: Ich konnte im Anderen schön finden, was ich mir selbst nicht zugestand, und es quasi Trittbrett fahrend genießen, ohne aus meiner Schüchternheit heraustreten zu müssen. Mir blieb das Risiko der Grandiosität erspart; ich konnte mich mit fremden Federn schmücken. Ähnlich erlebt der Ankläger die ihm mangelnde Unabhängigkeit von beengenden Regeln im unverfrorenen Betrüger, der sich leichthin Unregelmäßigkeiten gestattet, die dem Kontrollbesessenen Angst machen würden. Beide können im Anderen verurteilen und gleichzeitig stellvertretend miterleben, was sie an sich selbst nicht dulden: der Ankläger die moralische Ungebundenheit, der Betrüger die kritische Moral. Beide haben auch die Hoffnung, dieses Mal nicht das Opfer zu sein, da die Liebe das doch nicht zulässt. Ebenso delegiert der Sanftmütige seine Aggression an den Machtmenschen und hofft zugleich, nicht missbraucht, sondern für sein Wohlwollen geehrt zu werden oder gar den Anderen von seiner Tyrannei zu bekehren.

Es sind hilflose Versuche der Korrektur bisheriger Lebenserfahrung, die die eigene Entwicklung verhindern, wenn die mangelnde Fähigkeit lediglich delegiert wird. Wenn dagegen beide ihre Schwächen bearbeiten wollten, dann könnten sie die Andersartigkeit des Partners als Herausforderung erleben, sich das gemeinsame Thema bewusst zu machen: das Thema Schuld beim Ankläger und seinem unvollkommenen Partner, das Thema Vertrauen beim Eifersüchtigen und seinem untreuen Mitspieler, oder das Thema Kontrolle beim Tyrannen und seinem sanften Liebsten. Wir werden in den folgenden Kapiteln darauf zurückkommen. Durch die Klärung des gemeinsamen Themas und der damit verbundenen Ängste wird aus der geheimnisvollen Verliebtheit eine Liebesbeziehung mit weniger Illusion und größerer Intimität. Intime Kenntnis des Anderen ist nämlich in der Verliebtheit viel weniger erwünscht als der Zauber des Geheimnisvollen.

Man kann die Funktion der Verliebtheit auch darin sehen, dass sie es erleichtert, alle sozialen, ästhetischen und hygienischen Barrieren zu überwinden, um zur Kopulation und Befruchtung zu kommen. Manche Autoren bringen Verliebtheit wegen gewisser biochemischen Veränderungen in Gehirn und

Blutkreislauf, nämlich dem erhöhten Pegel der Neurotransmitter Noradrenalin und Dopamin und dem erniedrigten Pegel an Serotonin, mit der Manie in Verbindung, bei der man diese Veränderungen ebenfalls findet. Manie ist eine extreme Stimmungslage aus guter Laune und Risikofreudigkeit – ziemlich genau das Gegenteil einer Depression. Demnach könnte man bei Verliebtheit klinisch von einer Art Geisteskrankheit sprechen, und tatsächlich führt die Verliebtheit zu Verhaltensweisen, die ähnlich unvernünftig und von manischem Optimismus geprägt sind.

Möglicherweise weil sie chemisch wie eine Droge wirkt, übt Verliebtheit eine so magische Anziehung aus. Verliebtheit führt ebenso wie ein manischer Zustand und manche psychoaktive Drogen zu einem Gefühl der Grenzenlosigkeit, die man ja auch für sehr kurze Zeit im Orgasmus erlebt. Es ist im Grunde ein Zustand, den Mystiker anstreben, die davon ausgehen, dass die Welt der getrennten Objekte eine Illusion ist, die uns von ihr entfremdet. Man könnte sagen, Drogensüchtige, Orgasmussüchtige und Verliebtheitsfanatiker seien eigentlich Mystiker; nur ist ihre Ekstase von kurzer Dauer, obwohl sie spirituelle Aspekte hat. So sind wir beim ersten Anblick des nackten Körpers des Menschen, in den wir verliebt sind, oft regelrecht von Ehrfurcht überwältigt und nicht nur von Gier. Wenn eine Frau sich für einen Mann, der für sie entflammt ist, das erste Mal auszieht, dann ist es fast wie eine Gnade für ihn. (Ob es sich für Frauen umgekehrt genauso verhält, kann ich als Mann nicht beurteilen.)

Verliebtheit ist nicht Liebe, aber sie schafft eine gute Vorraussetzung für eine Liebesbeziehung, wenn beide gewillt sind, nicht nur den Rausch zu erleben, sondern sich dafür interessieren, das Geheimnis der Anziehung ein wenig zu lüften. Dann werden sie entdecken, welches verbindende Thema die Attraktion ausmacht und wie dieses Thema den Ausgangspunkt dafür bilden kann, sich gemeinsam zu entwickeln. Davon mehr in den nächsten zwei Kapiteln.

7 Liebe – und was dafür gehalten wird

Einerseits wird durch den zunehmenden Einfluss der Medien wie Telefon, Fernsehen, Video, Kino, Handy, SMS, E-Mail, Chatrooms u. a. die Kommunikation zwischen den Menschen erleichtert und ihre Vernetzung gefördert. Auf der anderen Seite fehlt in den distanzierten Kontakten der Anderwelten des Internet etwas Entscheidendes. Alle technische Perfektion kann nicht die Aufregung der Gefühle und die Spiegelung der eigenen Person im Anderen ersetzen, die durch den unmittelbaren Blickkontakt und die Berührung der Haut ausgelöst wird. Die Liebe beginnt mit dem langen Blick. Nur mit und in den Augen sehen wir den Anderen, und zugleich sehen wir, wie er darauf reagiert, von uns gesehen zu werden. Nichts kann diese Rückkopplung unterbinden, die unsere bewusste Kontrolle unterläuft und sich im Millisekundentakt im Unendlichen verliert wie ein Bild in zwei gegenüber liegenden Spiegeln. In den Augen sehen wir Dinge jenseits aller Worte. Und die Haut? Können wir uns etwa selbst kitzeln?

Auch die Lektüre der Regenbogenpresse ist eine Pseudoerfahrung, die uns Liebesglück und -unglück der Prominenten nahe bringt und einen Abglanz vom Drama des wirklichen Liebens bietet. Als Leser fremder Schicksale können wir an deren Höhen und Tiefen teilnehmen, ohne der Konfrontation mit den eigenen Abgründen ausgesetzt zu sein. Dafür erfanden die Griechen das Theater. Wie der Psychiater Borwin Bandelow in dem Bestseller »Celebrities« unterhaltsam beschreibt, brauchen wir die Ikonen der Popwelt auf Leinwand und Bühne von

James Dean und Marilyn Monroe bis Mick Jagger oder Britney Spears, um die extremen Varianten der Existenz mitzuerleben und sie uns persönlich zu ersparen. Bereichert es unser Leben wirklich, wenn wir in *Gala* oder der *Bunten* vom Glück der Prominenten lesen oder gar von deren Unglück? Schon möglich. Wenn wir uns auf ein Leben aus zweiter Hand beschränken, vermeiden wir die Unannehmlichkeiten unserer Helden, müssen allerdings mit der Kränkung leben, selbst keiner zu sein, ja nicht einmal versucht zu haben, einer zu werden.

Um uns aus der inneren Vereinsamung einerseits und andererseits aus dem Konkurrenzgerangel des alltäglichen Lebenskampfes zu retten, lassen wir uns immer wieder selbst auf Liebesbeziehungen ein. Die Leidenschaft der ersten Stunde gibt uns die Hoffnung, dass uns da ein Glück einfach geschenkt wird. Und die fast unvermeidliche Enttäuschung führen wir resigniert auf die falsche Wahl des Partners zurück – als hätten wir in der Lotterie gespielt und leider Pech gehabt. Doch neues Spiel verspricht neues Glück.

Dabei verkennen wir, welche unbewussten Kräfte die wilde Anziehung der Verliebtheit ebenso wie das tragische Scheitern der Beziehung steuern. Wir verwechseln Liebe mit etwas, das sich – wie der Psychoanalytiker Lukas Michael Moeller es beschreibt – als ein Schleier vor die Liebe schiebt. Es sind neurotische Bedürfnisse und egoistische Ziele, die wir halb bewusst, halb unbewusst mithilfe von Liebes-Beziehungen zu realisieren versuchen. Wir suchen etwas in uns oder für uns und benutzen dazu den Anderen, und wenn er es uns zu geben scheint, halten wir es für Liebe. Oder wir verhindern, dass wir uns wirklich einlassen, um bestimmte Ängste zu vermeiden, bevor überhaupt spürbar wird, was Liebe ist. Die Gründe, die uns daran hindern, Liebe zu erleben, resp. die Motive, die wir fälschlicherweise für Liebe halten, sind zahlreich:

1. Wiedergutmachung der Kindheitsenttäuschungen
2. Wiederholung der früheren Frustrationen, weil sie uns vertraut sind
3. »Abtretung« der eigenen weiblichen (beim Mann) und der eigenen männlichen Anteile (bei der Frau) an den Partner (auch Animus- und Anima-Projektion genannt)
4. Ausleben der Attraktion zum Vater (als Frau) und zur Mutter (als Mann) (eine sogenannte »positive Übertragung aus der Elternbeziehung«)
5. Abglanz der Urliebe zur Mutter (Rückkehr in die kindliche Geborgenheit)
6. Überschätzung der Beziehung, um attraktive Alternativen zum Partner abzuwehren (sogenannte »Reaktionsbildung«)
7. Nichteinlassung aus Angst vor dem Verlassenwerden
8. Benutzung der Anderen als Orgasmus-Instrument, das heißt als psychohygienisches Fitnessgerät, oder um sich seine Potenz zu beweisen
9. Solidarität mit dem Partner als Schutz gegen den feindlichen Rest der Welt
10. Außendarstellung durch einen Clan um der gesellschaftlichen Anerkennung willen
11. Weitergabe von Lebensweisheit, der Firma oder von Aufträgen (was die Eltern nicht schafften, sollen die Kinder erreichen)
12. Sex als Grenzerfahrung der Auflösung – *petite mort*, wie es der französische Philosoph George Bataille getauft hat
13. Den Anderen als Spiegel benutzen, da wir nach dem jüdischen Religionsphilosophen Martin Buber nur in der Beziehung zum Anderen uns selbst erkennen
14. An den eigenen irrealen Vorstellungen unerbittlich festhalten wollen, die in einer liebevollen Beziehung in Frage gestellt oder aufgegeben werden müssten

Erst wenn wir die neurotischen Bedürfnisse (1–7) und die egoistischen Ziele (8–14) hinter uns gelassen haben, können wir feststellen, ob sich dahinter Liebe verbirgt. Doch wenn alle diese Schleier gelüftet sind, was bleibt dann als Kern, den man als Liebe bezeichnen kann? Bevor wir das untersuchen, lassen Sie uns zunächst dem nachgehen, warum wir etwas für Liebe halten, was es in Wirklichkeit nicht ist.

Der britische Bindungsforscher John Bowlby beschreibt, wie Beziehungsmuster ganz früh im Leben erlernt werden; dass sie nicht selten in der Kindheit defizitär bleiben; und dass die Betroffenen später als Erwachsene quasi die Liebesbeziehungen als Neuauflage oder Wiedergutmachung gestalten. Reifes Bindungsverhalten dagegen setzt voraus, dass in den ersten Lebensjahren eine stabile Beziehung für das Kind vorhanden war. Der im Folgenden geschilderte *Mann mit den schweren Beinen* hat keine verlässliche Elternbeziehung gehabt und ist daher heute wie damals in der Kindheit von einer tief sitzenden Verlustangst geplagt, die es ihm sogar unmöglich machte, seine sexuellen Bedürfnisse zu äußern:

Fall 1

Schwere Beine: Herr M., ein 45-jähriger Mann, kam in Behandlung, weil er am Wochenende immer depressiv wurde und das Gefühl hatte, schwere Beine zu haben. Sein Vater war bereits vor seiner Geburt gestorben; seine Mutter war zeitweise psychotisch, so dass er als Kind die ersten Jahre im Waisenhaus verbrachte. Später nahm sie ihn zu sich, war aber aufgrund ihrer eigenen Krankheit wenig verlässlich in ihrer Fürsorge. Er musste immer Angst haben, sie wieder zu verlieren. Er entwickelte eine außerordentlich entgegenkommende Art im Umgang mit seinen Mitmenschen. Herr M. war loyal zu allen wichtigen Personen seiner Umgebung, ein angenehmer Kollege und Nachbar; aber er war eben nie ein aggressiver und sexuell fordernder Mann geworden – aus Angst, die Zuwendung zu verlieren. Stattdessen entwickelte er eine Wochenenddepression (auf die schweren Beine kommen wir noch zurück).

Nur wenn es in der ersten Lebensphase die Sicherheit einer stabilen Beziehung gab, hat das Kind später den Mut, sich zeitweilig von der Mutter zu entfernen, um unabhängig von ihr die Umwelt zu erkunden. Dazu ist eine bestimmte Beziehungsqualität erforderlich: Die Mutter oder eine andere Bezugsperson muss das Kind in seinen Bemühungen um Selbstständigkeit unterstützen. Das aber ist eine ganz andere Verbundenheit als die beschützende Liebe, die das Kind in der Hilflosigkeit seiner ersten zwei bis drei Lebensjahre braucht. Es ist eine Liebe, die die Unabhängigkeit des Kindes zulassen muss. Ein selbstständiges Kind, das eigensinnige Gedanken zu äußern beginnt, ist nicht mehr so leicht zu lieben; die Eltern können nicht mehr einfach ihre Wunschvorstellungen auf ihr Kind übertragen wie auf ein folgsames Haustier; das Kind beginnt zu widersprechen.

Hier wird in der Beziehung zu Kindern deutlich, was auch in der Beziehung zu Partnern gilt: Liebe bedeutet, den Anderen wachsen zu lassen. Wenn aber der Ehemann sich mehr oder weniger der Familie entzieht, weil er beispielsweise Alkoholiker ist oder zu viel arbeitet oder anderweitig nicht verfügbar ist (siehe Kapitel 10), dann möchte die Mutter manchmal wenigstens beim Kind erreichen, dass es für sie da ist bzw. dass aus ihm etwas wird – nach ihren Vorstellungen, versteht sich. Sie beginnt dann, das Kind mehr zu behüten als ihm gut tut, sie versucht ihm unter Umständen ihre eigenen Vorstellungen nahe zu bringen oder es vor allen denkbaren Gefahren zu bewahren wie in folgendem Fall:

Fall 2

Fischgräte: Die 35-jährige Frau K. war als Einzelkind einer praktisch allein erziehenden Mutter aufgewachsen; der Vater war Alkoholiker und nie da. Die Mutter hütete ihre Tochter wie ihren Augapfel. Durch ihre eigene Tüchtigkeit und Überfürsorglichkeit hatte die Mutter ihrer Tochter wenig Gelegenheit gegeben, in der Erkundungsphase (im Alter von 2 bis 6) Selbstständigkeit zu erlernen. Frau K. entwickelte als Erwachsene eine panische Angst, das Haus zu verlassen, und wurde mehrfach ohnmächtig, als sie es trotzdem versuchte. Erschwerend und für die Entstehung ihrer Panikattacken mitverantwortlich ist sicher, dass sie einmal beinahe an einer Fischgräte erstickt war und außerdem miterlebt hatte, wie ihre Tante in der Küche an einer Herzattacke mit Erstickungssymptomen starb. Das mag die Mutter auch dazu gebracht haben, ihre Tochter vor jedem unvorhergesehenen Zwischenfall übermäßig zu behüten und sie nicht allein auf die Straße zu lassen. So brachte sie ihre Tochter, bis diese 12 Jahre alt war, jeden Morgen zur Schule.

Beides zusammen, die sichere Bindung und die Unterstützung der Selbstständigkeit, bildet eine gute Grundlage für spätere Liebesbeziehungen ohne neurotischen Ballast. Kinder erwerben vereinfacht gesagt eines von vier häufigen Bindungsmustern zu ihren Eltern: Lieben die Eltern ihr Kind sehr, haben aber eine geringe oder schwankende Selbstachtung, dann fühlt sich das Kind nicht geschützt, es entwickelt eine ängstliche Bindung und leidet unter Verlustängsten – wie bei Fall 1. Fühlt sich das Kind von den Eltern kühl behandelt oder im Gegenteil überbehütet, resultiert beide Male eine Tendenz zu Bindungsscheu – so bei Fall 2, in dem Frau K. und ihr Mann in zwei verschiedenen Welten leben. Er kennt nicht ihre Träume und sie nicht seine Geliebten. Geben die Eltern das Kind auf oder sind sogar gewalttätig, dann entwickelt das Kind eine zwiespältige Bindung: Es möchte Liebe, hat aber zugleich Angst davor; unter solchen Voraussetzungen wird es schwierig, eine stabile Beziehung aufrecht zu erhalten.

Nur wenn die Eltern genügend Selbstwert ausstrahlen und zugleich dem Kind ihre Liebe zeigen, entwickelt es ein sicheres Bindungsverhalten – was Gott sei Dank in den meisten Fällen zutrifft.

Die Bindungsfähigkeit liegt, wie die Hirnforscher uns entmutigen, ohnehin zur Hälfte in den Genen und bekommt durch den Stress der Mutter und durch Drogen während der Schwangerschaft noch zusätzliche Blessuren ab. Darüber hinaus wird die Bindungsfähigkeit schon in den ersten Kinderjahren, wie oben beschrieben, entscheidend geprägt. Aber was ist dann im reiferen Alter überhaupt noch zu retten? Der emotional reflexhafte Anteil der Bindungsmuster wird immer wieder durchschlagen, doch unser Frontalhirn sprosst zu neuen Strukturen aus, die die Reflexe überlagern können, trösten uns die Hirnforscher. Das heißt, Bewusstsein und Entscheidungsfähigkeit können uns helfen, unseren Kurs zu ändern, wenn wir mehr über uns wissen.

Was ist Liebe ohne diese Hypotheken? Auf keinen Fall mehr das Gefühl, ohne den Anderen nicht leben zu können – und deshalb womöglich mit Selbstmord zu drohen, falls er mich nicht erhört. Das wäre nicht Liebe, sondern Abhängigkeit oder schlimmer: Parasitentum. Nur Parasiten können ohne den Anderen, ohne einen Wirt, nicht leben – und viele bringen den Wirt am Ende sogar um. Und das gibt es tatsächlich, dass enttäuschte Liebende ihren Partner oder ihre Kinder umbringen – wie in der griechischen Sage Medea ihre Kinder verbrennt, um auf sich aufmerksam zu machen, als Jason, ihr Mann und der Vater ihrer Kinder, sich einer anderen Frau zuwendet. Liebe besteht aber auch nicht darin, aus Angst vor dem Verlust des Anderen alles für ihn zu tun und dabei sich selbst aufzugeben. Liebe besteht weder aus Abhängigkeit noch aus Angst vor Verlust noch aus Selbstaufgabe und ist jenseits jeglicher Art von Kontrolle. »Liebe ist ein Kind der Freiheit« – so der zutreffende Titel eines Buches von Lukas Michael Moeller.

Liebe ist das Bedürfnis, für den Anderen etwas zu tun, ohne etwas dafür zu verlangen; mit dem Anderen zu verschmelzen in Körper, Gefühl, Geist und Seele. Es ist die Gewissheit, zusammen mehr zu sein als getrennt und allein, und das alles, ohne sich selbst untreu zu werden oder vom Anderen abhängig zu sein. In der Liebe schenkt man dem Anderen etwas und bringt sich dadurch selbst in die Welt. Es ist auch die Fähigkeit, im Anderen hinter seinen Fehlern und seiner Alltagsmaske das Licht seiner Seele zu sehen. Liebe ist aber nicht nur wohlwollender Wunsch oder Sehnsucht, sondern ein Willensakt, eine Absicht, etwas zu tun. Sie zeigt sich dadurch, dass wir für den Anderen oder für uns selbst etwas unternehmen, das unsere alltägliche Sichtweise erweitert. Liebe ist eben nicht der Rückfall in die Geborgenheit der Säuglingszeit, wie es manchmal in der Verliebtheit passiert. Liebe ist Handeln als Resultat einer Entscheidung für ein Leben mit dem Anderen, in dem der Liebe eine Chance gegeben wird.

Hingabe, ohne die Selbstständigkeit aufzugeben, und das Bedürfnis, ein Teil des Anderen zu sein, ohne ihn zu beherrschen: Das ist Liebe. Sie ähnelt einem Traum – dem Zustand, in dem wir es nicht auf Abgrenzung, sondern auf Gemeinsamkeit abgesehen haben, aber im Gegensatz zur Verliebtheit ohne die Gefahr, uns selbst zu verlieren. Sie ist ein Zustand, in dem nicht die Sorge besteht, die eigenen Grenzen schützen zu müssen. Man nennt einen solchen Zustand in der Entwicklungspsychologie »dezentriert«: Ich bin nicht mehr das Allerwichtigste, und trotzdem bleibe ich mir selbst nahe, weil ich in der Liebe mit meinem Handeln eins bin – so wie es mit dem Begriff des Flow (s. S. 23) beschrieben wird. Und bedeutet das nicht letztlich Glück?

Liebe ist ein Zustand, in dem ich den Anderen erhalten und wachsen lassen kann. Allerdings sieht es in der Realität manchmal eher aus wie der Wunsch, den Anderen zu reformieren und zu kontrollieren. Liebe ist eigentlich eine Fähigkeit, die Natur und Menschen bewahrt und zusammenbindet – und trotzdem endet sie manchmal damit, den Anderen zu verletzen. Aber dann ist es nicht mehr Liebe.

8 Partnerwahl und Biografie

Man kann sich auf zwei Arten entwickeln: anhäufend oder wachsend. Man kann sich vieles verfügbar machen, was gut tut und zur eigenen Zufriedenheit beiträgt. Man kann lernen, einen guten Eindruck zu machen, Angst zu dämpfen und die nötige Kompetenz zur Durchsetzung seiner Ziele zu erwerben. Eine weitere Fertigkeit ist die Fähigkeit zur geschickten Umdeutung und Verklärung gelegentlicher Missgeschicke. Der antike Philosoph Epikur etwa empfiehlt uns, das Gute zu suchen, das Schlechte zu vermeiden und es zu ignorieren, wenn es unvermeidbar ist. Das alles erhöht die Überlebensfähigkeit und die Toleranz für das Leiden.

So kann man sein Leben mit Erfolgen anfüllen, mit Fitness, Gesundheit, Kosmetik, Komfort und natürlich auch mit Beziehungen. Diese Anhäufung kann zufrieden machen, aber die Wiederholung hinterlässt leicht ein schales Gefühl, so wie nach dem Rausch von Drogen, Glücksspiel oder Risikosport. Es ist die Bemühung, vor sich selbst und vor anderen gut dazustehen und die eigene Position in der Alltagswelt zu stärken. Das alles dient der Stabilisierung des Ich.

Eine andere Art der Entwicklung hat nicht zum Ziel, eine Nische zu finden, in der ich mich mit meiner persönlichen Begabung am wirkungsvollsten darstellen und meine persönlichen Defizite am besten verbergen kann. Vielmehr besteht sie darin, Schutzmechanismen abzubauen, weniger von sich zu verbergen und die Ängste zu bearbeiten, die aus der unabgeschlossenen Entwicklung der Kindheit und Jugend übrig geblieben sind. Das könnte man Wachstum nennen; es dient nicht primär der Stabilisierung und damit der Begrenzung des Ich, sondern seiner Erweiterung.

Da die Umstände der frühen Phasen, in denen der Mensch geprägt wird, nie perfekt sind – auch wenn die Eltern es noch so gut meinen –, bleiben jedem kleine oder größere Blessuren. In unserer Kultur ist eine Reihe von Frustrationen der Kindheit vorprogrammiert, denen jeder in größerem oder geringerem Ausmaß ausgesetzt ist. Zu diesen Frustrationen gehören u.a. Ablehnung, unzureichende Fürsorge, Überfürsorglichkeit, Fremdbestimmung, Gewalt, Vereinnahmung, Nichtbeachtung und Leistungsdruck. In extremer Form hinterlassen solche Erfahrungen charakteristische Narben in der Persönlichkeit, die von den erlittenen Verletzungen erzählen. Um derartige Schwachstellen des Milieus auszugleichen, legt sich das Kind Bewältigungsstrategien zu, die es unter den gegeben Umständen vor Schlimmerem bewahren und es lebenstüchtig machen, die aber auch Erfahrungen aussparen, weil bestimmte Bedürfnisse von vornherein aufgegeben wurden.[12]

Kindliche Wünsche, wenn sie wiederholt enttäuscht werden, erzeugen eine bestimmte Grundhaltung, mit der das frustrierte Bedürfnis unterdrückt wird, damit es sich nicht mehr schmerzhaft bemerkbar macht. Zugleich enthält diese Abwehr des Bedürfnisses eine Anpassung an die soziale Situation, die das Individuum zwar stark macht, aber auch einen Wunsch offen lässt, der unter Umständen in der Liebesbeziehung wieder auftaucht.

Die Abwehrmanöver bestimmen den Stil, in extremer Form auch die Störung, mit der sich ein Mensch in der Welt seinen Platz sucht. Das drückt sich in entsprechenden Grundhaltungen und bevorzugten emotionalen Mustern aus, die sich auf die Beziehungsgestaltung auswirken. Einige häufig vorkommende Beziehungsmerkmale sind die folgenden:

Rückzug: Wenn das Kind früh eine von verschiedenen Formen der Ablehnung erfährt, dann entscheidet es sich, möglichst unauffällig zu bleiben. Die Ablehnung kann unbewusst von den Eltern signalisiert werden, da das Kind zum falschen Zeitpunkt kam, schon zu viele andere Geschwister vorhanden waren, das Kind ein Mädchen war und ein Junge hätte sein sollen oder umgekehrt, die Mutter während der Schwangerschaft krank war, die Eltern sich bei der Geburt gerade in einer Krise befanden, sich eigentlich trennen wollten und so weiter. Das Kind legt sich dann die Grundhaltung zu, nichts von seinen Mitmenschen zu erwarten, aber auch nicht auf sie zuzugehen. Es zieht vor, für sich und in seiner Eigenwelt zu bleiben. Solche Menschen bevorzugen – wenn überhaupt – eine distanzierte Beziehung, weil sie Angst haben, dass der mühsam aufgerichtet Schutzwall zusammenfällt und sie von eigenen und fremden Gefühlen überflutet werden.

Ambivalenz: Kinder, die bei gewalttätigen oder missbräuchlichen Eltern aufwachsen, die zwischendurch wieder herzlich sind, werden hin- und hergerissen zwischen der Sehnsucht nach Nähe und der Angst und Wut der Enttäuschung. Sie stürzen sich in eine vielversprechende Beziehung, aber sie zucken bei den geringsten Anzeichen dafür, dass ihre überschwänglichen Erwartungen enttäuscht werden, zurück und verfallen in totale Ablehnung. Solche Menschen neigen dazu, sich leichtfertig auf Beziehungen einzulassen, um dann garantiert desillusioniert zu sein und sich brüsk abzuwenden.

Außenlenkung: Wenn die Eltern genau wissen, was für das Kind gut ist, und wenn sie ihm ihre eigene Lebensphilosophie so nahe bringen möchten, dass das Kind keine Wahl hat, dann wird es sich bemühen, es den Eltern recht zu machen. Da das Verhalten aber nicht von innen heraus motiviert ist, müssen solche Menschen sich immer wieder von außen bestätigen lassen, dass sie etwas gut und richtig gemacht haben. Das ist meistens auf Grund der großen Bemühtheit auch der Fall. Sie werden Beziehungen suchen, in denen sie bewundert werden, aber sie werden sich dennoch oft leer fühlen, da die Sicherheit von innen fehlt.

Abhängigkeit: Kinder möchten viel Liebe, Aufmerksamkeit und überhaupt Befriedigung ihrer Bedürfnisse erfahren; die Eltern aber können dem oft nicht einmal annähernd nachkommen. Wenn sich das Kind im Prinzip in der elterlichen Bindung sicher fühlt, aber die Eltern beide berufstätig sind, wenn es noch andere Kinder gibt oder sie aus anderen Gründen viel um die Ohren haben, dann lernen die Kinder, so nett zu sein, dass sie möglichst trotzdem ihr Ziel wenigstens zum Teil erreichen. Solche Menschen sind beziehungsorientiert, sie tun viel für das soziale Klima und sind überhaupt gut zu ihren Mitmenschen. Aber sie bleiben süchtig nach der Versorgung durch andere und machen sich davon abhängig.

Angstverleugnung: Ist das Kind erst stark genug, um einen eigenen Willen zu artikulieren, wird jedoch durch Strenge, Moralvorstellungen oder patriarchale Hierarchie in der Selbstbestimmung eingeschränkt, dann kann es trotzen und Bestrafungen wegstecken. Solche Menschen imponieren durch ihren Mut und ihre Unabhängigkeit, sie sind Anführer und Leitfiguren. Sie übernehmen gern Verantwortung und haben gelernt, ihre Angst zu unterdrücken. Sie ziehen Menschen an, die sich gern leiten lassen, können aber selbst schwer die Kontrolle abgeben oder auch mal schwach sein – obwohl es ihr geheimer Wunsch ist, schwach sein zu dürfen.

Verführung: Eine weitere Art, mit moralischem Druck oder elterlicher Strenge umzugehen, ist es, mit sozialem Geschick und Charme sich den Verpflichtungen zu entziehen und die eigenen Absichten zu verbergen. Das Kind lernt durch Ablenkung und Unterhaltsamkeit für gut Wetter zu sorgen und sich nicht in die Karten schauen zu lassen. Solche Menschen werden sich auf Beziehungen nie ganz einlassen, sie werden sich immer noch einen Fluchtweg offen halten und ziehen Menschen an, die viel Aufmerksamkeit oder Wärme brauchen. Sie glauben allerdings, dass ihre wahren Absichten nicht akzeptiert werden würden – obwohl sie den heimlichen Wunsch haben, sich nicht verstecken zu müssen.

Passiver Widerstand: Eine dritte Art, mit elterlichem Druck umzugehen, besteht darin, sich loyal zu verhalten, um die Geborgenheit nicht zu verlieren. Solche Menschen geben mehr, als sie eigentlich möchten, wenn sie sich selbst treu bleiben würden. Aber sie opfern ihre Freiheit und ernten damit Wohlwollen. Sie ziehen Menschen an, die gern über andere bestimmen, und zeigen ihren heimlichen Groll durch passiven Widerstand. Ihr heimlicher Wunsch ist, gerecht beurteilt zu werden.

Leistungsorientierung: Wenn das Kind die Anerkennung hauptsächlich durch gute Leistung erreicht (Schulnoten, Sport, Musik, Kunst), dann lernt es, diszipliniert zu sein, fleißig zu arbeiten, sich durch hohe Ziele Anerkennung zu verschaffen. Es bleibt diesen Menschen ein tiefer Zweifel, ob sie ohne Leistung auch akzeptiert werden würden, und sie haben die Hoffnung begraben, angenommen zu werden, ohne etwas dafür tun zu müssen, und sich in Beziehungen einfach hingeben zu können.

Übertreibung: Manchmal nehmen die Eltern sich nicht die Zeit, dem Kind die ersehnte Aufmerksamkeit zu geben, oder sie ziehen sich zurück, wenn sie erotische Anklänge spüren, z. B. wenn die Tochter auf den Vater sexuell anziehend zu wirken beginnt. Dann wird sich das Kind bemühen, mit viel Kreativität und Theatralik Beachtung zu finden. Dabei geht ihm möglicherweise der Sinn für die eigentliche Bedeutung der Dinge verloren. Solche Menschen haben in Beziehungen ständig Angst, übersehen zu werden.

Die zuerst beschriebenen Haltungen entstehen eher in einer frühen Phase der Kindheit, die zuletzt genannten eher später – ohne dass man von einer strikten zeitlichen Abfolge ausgehen kann. Sie alle sind bei jedem Menschen zu einem gewissen Ausmaß vorhanden und kommen dem Leser vielleicht zum Teil auch aus der eigenen Erfahrung bekannt vor. Die früher erworbenen Muster werden durch die späteren überlagert; sie setzen sich dann durch, wenn die später erworbenen unter erhöhtem Stress zusammenbrechen. Wenn jemand also eine Neigung zum Rückzug erworben hat, die aber normalerweise von Tüchtigkeit überlagert ist, setzt sich im Stressfall die Rückzugstendenz durch oder kombiniert sich mit der Tüchtigkeit. Ein solcher Partner verbirgt sich in seiner Kammer und rettet sich in die Arbeit, wenn der Streit eskaliert. Wenn eine Neigung zur Abhängigkeit bestünde, würde er sich stattdessen möglicherweise in den Alkohol zurückziehen.

Die dargestellten Bindungsmuster sind plakativ vereinfacht und lassen sich feiner differenzieren. Nicht berücksichtigt sind einschneidende Lebensereignisse, besonders solche, die traumatisch gewirkt haben. In Tabelle 1 ist alles noch einmal zusammengefasst. In der zweiten Spalte wird jeweils ein Bedürfnis benannt, von dem die Hoffnung aufgegeben wurde, dass es erfüllt werden könnte. Es wird aber in der Liebesbeziehung als heimlicher Wunsch wieder an den Partner herangetragen. In derselben Spalte daneben wird die ursprüngliche Frustration benannt, aufgrund derer das Bedürfnis aufgegeben wurde. Es besteht die unbewusste Erwartung oder besser gesagt die Befürchtung, dass diese Frustration auch in der Liebesbeziehung wieder auftauchen wird. Unter Umständen wird durch geeignete Partnerwahl und Inszenierung innerhalb der Paarbeziehung daraufhin gewirkt. In der dritten Spalte ist die Basisstrategie benannt, die zur Bewältigung der Frustration entwickelt wurde und von der auf den Partner mit einer komplementären Haltung eine starke Anziehung ausgeht.

In der letzten Spalte wird die Einschränkung des Erfahrungsspektrums angeführt, die diese Bewältigungsstrategie mit sich bringen kann und die jeweils einen chronischen Konfliktherd für die Liebesbeziehung darstellt. Die folgenden Fallbeispiele beschreiben die Beziehungsmuster, die aus diesen Prägungen resultieren.

Der Selbstgenügsame, Unerreichbare (Typ 1) wird seinem Partner attraktiv erscheinen, weil er nichts vom Anderen fordert und beschützenswert erscheint. Trotzdem wird Typ 1 heimlich schwer enttäuscht sein, wenn er abgelehnt wird. Und abgelehnt

Bindungstyp	Bedürfnis – Frustration	Stärke	Schwäche
1. Der Unerreichbare	Erwünscht sein – Ablehnung	Keine Bedürfnisse, Rückzug	Isolation
2. Der Unbeständige	Stabile Zuwendung – Unsichere Bindung	Vertrauen – Abwertung	Enttäuschung
3. Der Großartige	Du selbst sein dürfen – Fremd-Bestimmung	Das Besondere vollbringen	Innere Leere
4. Der Abhängige	Versorgt werden – Unterversorgung	Harmonisieren	Abhängigkeit
5. Der Held	Eigener Wille – Vereinnahmung	Stärke zeigen	Angst verleugnen
6. Der Charmante	Eigene Bedürfnisse – Beschämung	Charme, Unterhaltsamkeit	Absichten verbergen
7. Der Zuverlässige	Gerechtigkeit – Unterdrückung	Loyalität	Passiver Widerstand
8. Der Fleißige	Anerkennung – Belohnung nur für Leistung	Disziplin	Verlust der Hingabe
9. Der Aufregende	Beachtung – übergangen werden	Interessant sein	Andere nerven

Tabelle 1: Beziehungsmerkmale, ihre Schwächen und ihre Stärken. Erläuterung siehe Text.

wird er von seinem Partner vermutlich irgendwann, weil er sich im Krisenfall immer wieder entzieht. Zunächst könnte man denken, Typ 1 kommt mit seinesgleichen gut klar. Aber das stimmt nicht. Er wird sich nach einem warmherzigen Partner sehnen, um sich seinen heimlichen Wunsch zu erfüllen, das in der Kindheit Vermisste nachzuholen, nämlich: willkommen und angenommen zu sein.

Ein anderes Beispiel. Der Abhängige (Typ 4) wird durch seine Hingabe an die Beziehung und die Harmonie, die er ausstrahlt, für seinen Partner attraktiv. Heimlich wünscht er sich, unendlich verwöhnt zu werden, merkt aber bald, dass er am Ende doch weniger bekommt, als er sich ersehnt. Er ist enttäuscht und lässt sich in die Unselbstständigkeit fallen, die den Partner in die Rolle des Retters bringt. Diese Rolle schmeichelt einem auf Kontrolle bedachten Typ wie dem Helden (Typ 5) oder dem Fleißigen (Typ 8), nervt ihn aber wahrscheinlich langfristig, weil der Abhängige (Typ 4) wenig Neigung zeigt, Verantwortung zu übernehmen, sodass der Partner einspringt und alles an ihm hängen bleibt.

Noch ein Beispiel: der Heldentyp (Typ 5) wird Menschen wegen seiner Stärke anziehen; er übernimmt gern die Verantwortung und kann für einen unselbstständigen Partner eine echte Stütze sein. Wenn dieser sich aber zu sehr auf ihn verlässt oder gar Versorgung einfordert, dann kommt Typ 5 an seinen wunden Punkt und fühlt sich ausgenutzt; er wird kalt und abweisend oder aggressiv. Weil er keinerlei Ängste oder Schwächen zugeben kann, wirkt er dann auf seinen Partner mit großer Wahrscheinlichkeit bedrohlich und gefühllos.

Das soll fürs Erste genügen, um einen wenn auch stark vereinfachten Eindruck vom Zusammenhang zwischen Biografie und Bindungsmustern zu geben. In den nachfolgenden Fallbeispielen wird etwas deutlicher sichtbar, wie komplex solche

Passungen sind und welche Konflikte sie mit sich bringen. Im Prinzip kann jede Kombination in der Partnerwahl vorkommen. Wenn man dazu noch berücksichtigt, dass die meisten Menschen an jedem der neun idealisierten Typen einen gewissen Anteil haben, wenn auch ein oder zwei Seiten im Allgemeinen besonders stark ausgeprägt sind, dann wird klar, dass es eine große Vielfalt von Beziehungs-Konfigurationen gibt. Viele mögen den Anschein einer gelungenen Ergänzung bieten, aber garantieren können sie das große Glück nicht. Wenn die Polarisierung der Bedürfnisse zu extrem und zu rigide wird, dann wird sich wahrscheinlich einer von beiden unterversorgt, überfordert, zu stark kontrolliert oder allein gelassen fühlen und damit beginnen, seinen liebsten Menschen zu verachten, sich ihm zu entziehen, ihn zu betrügen oder gewalttätig zu werden. Beide sind frustriert, es kommt zur Eskalation, und der vorprogrammierte Konflikt ist nicht mehr zu vermeiden. Um die merkwürdige Verzahnung von biografischer Passung und den darin enthaltenen Konflikt geht es im nächsten Abschnitt.

9 Passung und Konflikt

Die Bindungsmuster und die damit verbundenen charakteristischen Bewältigungsstrategien wirken sich auf die Partnerwahl aus, indem das passende Gegenstück zum eigenen Bindungsstil besondere Anziehung ausübt. Ein Beispiel dafür ist der Fall des Mannes mit den schweren Beinen (vgl. auch schon oben S. 46):

Fall 1
Schwere Beine: Herr M. sehnte sich immer nach einer verlässlichen Mutterfigur und fand sie in seiner wohlwollenden, liebevollen Gattin, die mit dieser Mutterrolle ihre eigene Angst vor

der Sexualität kaschierte. Seine Sehnsucht nach einer fürsorglichen Bezugsperson war verbunden mit der Befürchtung, sie wieder zu verlieren, wogegen er sein ausgeprägtes Talent zur Harmonie einsetzen konnte. Das kam der Angst seiner Frau sehr entgegen, von der Sexualität überwältigt zu werden, die es seit zwanzig Jahren in der Beziehung nicht mehr gab. Seine Stärke bestand in der Loyalität; darin, der brave Bub zu sein. Aber er verzichtete auf einen Teil seiner Männlichkeit, indem er genau wie seine Frau jeder Meinungsverschiedenheit aus dem Wege ging. In die Therapie kam er, weil er am Wochenende immer schwere Beine bekam und depressiv wurde. Er gestand, dass er gern einmal zu einer Prostituierten gegangen wäre, aber sein Schwere-Beine-Symptom verhinderte, dass er fortging und seine Frau mit dem Wunsch nach Untreue konfrontierte, welcher zugleich seine Angst, verlassen zu werden, mobilisiert hätte.

Es sieht so aus, als würde in dieser Liebesbeziehung etwas nachgeholt werden können, nämlich Geborgenheit, allerdings um den Preis der Unterdrückung der Sexualität und aggressiver Gefühle. In der Kindheit Verpasstes lässt sich aber nicht so einfach im Erwachsenenalter nachholen. Zwar trägt eine solche Partnerwahl zum Wohlbefinden in der Familie bei, weil sich beide gegenseitig Sicherheiten und Schonung garantieren; in diesem Fall der Mann in Form von Harmonie und Loyalität, die Frau durch Fürsorglichkeit. Darin verborgen sind die Konflikte zwischen sexueller Lust und Verlustangst auf seiner Seite und Lust und Angst vor Überwältigung auf ihrer Seite. Das Problem wurde bei ihm durch das Symptom gelöst: Mit schweren Beinen kann man nicht weggehen und Dummheiten machen. Bei ihr wurde der Konflikt durch lustvolles Essen und dem damit verbundenen Übergewicht gelöst – passend zur mütterlichen Rolle in der Beziehung.

Solche Lösungsversuche für kindliche Bedürfnisse laufen Gefahr, zu Enttäuschungen zu führen. In der Phase der Verliebtheit entsteht die Hoffnung, dass Verletzungen geheilt, dass unerfüllte Liebeswünsche aus der Kindheit nachgeholt, dass die Liebe aus früheren Zeiten wieder neu aufgelegt werden kann und so weiter. Solche Erwartungen werden nicht von jedem beliebigen Partner ausgelöst, vielmehr scheinen bestimmte Kombinationen eine besondere gegenseitige Attraktion auszuüben.[13]

Der Schweizer Psychotherapeut und Autor Jürg Willi hat die komplementäre Passung der Partner als Kollusion (lateinisch: Zusammenspiel) bezeichnet. Er beschreibt die Kollusion progressiv und regressiv gelebter Bedürfnisse, wo etwa eine aktiv kontrollierende Person jemanden anzieht (progressive Position), der sich gern passiv leiten lässt (regressive Position); jemand, der gerne versorgt, zieht ein bedürftiges Individuum an, ein eitler Mensch zieht eine Person an, die gern bewundert und so weiter. Der vorprogrammierte Konflikt besteht darin, dass etwa der passiv Gelenkte sich gelegentlich *zu sehr* kontrolliert vorkommt, der Kontrollierende ihm aber zu verstehen gibt, dass er nur deshalb so stark eingreift, weil der Andere nichts auf die Reihe bringt. Dann kontert der passiv Gelenkte, dass der Andere ineffizient sei – die größte Beleidigung, die er ihm antun kann. Es folgt eine Eskalation von gegenseitigen Vorwürfen der Ineffizienz und der Unselbständigkeit. Und das Ganze wiederholt sich ohne Ende. Oder der bedürftige Partner fühlt sich zu wenig versorgt, und der Versorger fühlt sich von ihm ausgelaugt. Der sich unterversorgt Fühlende wirft dem Anderen vor, er sei nicht wirklich für ihn da; der Andere kontert, seine Bemühungen würden nicht richtig gewürdigt und so weiter.

Meist lässt sich die Passung aus der Biografie der Partner verstehen, und es zeigt sich, dass es sich um komplex ineinander greifende Muster handelt, die sehr stark vom individuellen Schicksal geprägt sind – beispielsweise von der Tatsache, dass der Mann mit den schweren Beinen (Fall 1) keinen Vater hatte. Es gab für ihn daher weder ein Modell für aggressives Durchsetzungsvermögen, noch konnte er seine männliche Aggression in Auseinandersetzungen mit dem Vater einüben.

Ein anderes Beispiel für eine sehr individuelle Komponente im Bindungsmuster sind die Traumata im Fall der Fischgrätenfrau. Die Erlebnisse des plötzlichen Erstickungstodes der Tante und das Verschlucken der Fischgräte verstärkten die ängstliche Disposition, die durch die überbehütende Mutter angelegt war. Dazu fand sich ein passender Partner, der seine Frau nicht mehr attraktiv fand, als sie die Angst überwunden hatte (vgl. auch oben S. 48):

Fall 2

Fischgräte: Frau K. (35 Jahre alt) hatte seit der Geburt ihres zweiten Sohnes vor sechs Jahren zunehmend häufiger und stärkere Angstattacken erlebt, wenn sie das Haus verlassen wollte, allein im Auto fuhr, in die Kirche ging oder in Läden an der Kasse warten musste. Ihr Mann war ein zuverlässiger und ruhiger Mann, der Frau K. alles abnahm, was ihr schwer fiel. Er holte, wenn es dunkel war, Zigaretten für sie, begleitete sie auf Autofahrten und beim Einkaufen. Als Frau K. sich in Behandlung begab, war ihr Mann zunächst einverstanden. Als sie allerdings wieder allein Auto fahren konnte, trennte er sich von ihr. Er hatte schon lange eine Außenbeziehung, die er aufgrund ihrer Unfähigkeit, das Haus zu verlassen, verborgen halten konnte.

Oft ahnt der Partner nicht, welche Ängste und Hoffnungen er im Anderen geweckt hat – wie in folgendem Fall, bei dem beide Partner in ihrer Vorgeschichte tief verletzt worden waren:

Fall 3

Knebelvertrag: Herr und Frau P., er 40, sie 35, mit drei Kindern, hatten eine stark komplementäre Beziehung, in der die Frau eingeschüchtert auf die Kontrolle des Mannes reagierte und versuchte, sich ihr zu entziehen. Das steigerte normalerweise das Kontrollbedürfnis des Ehemannes bis ins Wahnhafte. Dabei verstrickte sie sich in Vorwürfen über seine Verdächtigungen und ihre ängstlichen Versuche, sich einen Freiraum zu erhalten. Er wurde immer strenger, und sie verlor regelmäßig die Fassung und brach in Tränen aus. Die Geschichte des Mannes machte sein übermäßiges Kontrollbedürfnis erklärlich: Er hatte als Scheidungskind keinen Zugang zu seinem Vater gehabt und hatte dies in seiner ersten Ehe in umgekehrter Weise wieder erlebt, indem er nach der Scheidung von seiner ersten Frau keinen Zugang zu den eigenen Kindern hatte. In der jetzigen Ehe hatte er sich durch einen Knebelvertrag und permanente Überprüfungen seiner Frau abzusichern versucht. Im Falle einer Trennung, würde sie weder Anspruch auf Unterhalt oder Zugewinn haben noch das Sorgerecht für die Kinder. Sie war außerstande, sich dagegen zu wehren, was Gründe in ihrer eigenen Biografie hatte. Ihr älterer Bruder hatte sie als Kind missbraucht und sie durch Drohungen davon abgehalten, ihn bei den Eltern zu denunzieren. Nachdem sich beide Partner über ihre Vorerfahrungen ausgetauscht hatten, entspannte sich die Beziehung, und die Toleranz nahm bei beiden, insbesondere auf seiner Seite, deutlich zu.

Warum sucht sich Frau P. einen ungnädigen Mann, der ihr ebensolche Furcht einflößt wie ihr gewalttätiger Bruder? Warum sich ein so hartherziger Mann eine so empfindsame Frau sucht, ist noch eher zu verstehen und zeigt nur, dass er, um seine eigenen Ängste im Zaum zu halten, einen Partner braucht, der ihm nichts entgegensetzt. Im Grunde sind sie aber beide voneinander abhängig. Sie braucht seine Rigorosität, um einen Halt zu gewinnen, und er braucht ihre Schwäche, um jemanden zu haben, den er vollkommen beherrschen kann und bei dem er nicht befürchten muss, seine Rechte zu verlieren.

Ebenso kann man verstehen, dass Herr K. (Fall 2: *Fischgräte*) mit der Hilflosigkeit seiner Frau zufrieden war, weil er dadurch die Freiheit hatte, zu tun und zu lassen, was er wollte, ohne dass seine Frau ihn kontrollieren konnte. Aber warum suchte sie solch einen Mann? Weil er ein fürsorglicher Mann war, was ihr trinkender Vater nicht gewesen war; ein Mensch, der ihr außerdem ihre Angst gestattete, weil er davon einen Vorteil hatte – wie ihre Mutter, die ihr Kind auf diese Weise von sich abhängig gemacht hatte, während ihr Mann ihr in den Alkohol entglitten war. Auch diese Ehepartner waren voneinander abhängig. Er brauchte ihre Unselbstständigkeit, um ihr seine Untreue nicht gestehen zu müssen, und sie brauchte seine Fürsorge, um ihre Angst vor der Selbstständigkeit nicht zu bearbeiten. Gegenseitige Abhängigkeit ist keine Liebe. Sie ist in den genannten Fällen lediglich bequem und verhindert, dass sich die Partner mit ihren Ängsten auseinander setzen.

Ein letzter Fall soll die konflikthafte Verstrickung der Ängste und ungestillten Bedürfnisse aus der Vergangenheit in der Beziehung verdeutlichen und zeigen, warum zwei Partner nicht loslassen können, obwohl sie sich ständig wehtun:

Fall 4: *Der Gerechte*: Herr U. hatte einen strengen Vater vom Typ eines preußischen Offiziers und eine äußerst labile Mutter, die immer wieder ankündigte, sie würde gehen und nicht wieder kommen. Als Herr U. zwölf Jahre alt war, brachte sie sich tatsächlich um. Der Vater nahm sich ohne Umstände sehr bald eine neue Frau. Herr U. hatte zwei Dinge gelernt: Disziplin und Durchsetzung von seinem Vater, aber auch, seinem Vater durch ein ausgeprägtes Unrechtsbewusstsein zu trotzen. Er wurde Staatsanwalt und damit symbolisch zum Ankläger seines herzlosen Vaters. Aber es saß ihm auch die Angst tief in den Knochen, verlassen zu werden, wie es ihm von seiner Mutter widerfahren war.

Frau U. stammt aus einer Handwerkerfamilie, in der Trunkenheit und Gewalt an der Tagesordnung waren. Sie hatte außerdem zweimal die Erfahrung einer Beinahevergewaltigung gemacht, konnte sich aber befreien. Der Konflikt des Paares entzündet sich an ihrer sexuellen Verweigerung, die sie – für ihn nicht nachvollziehbar – gelegentlich durch Zugänglichkeit unterbricht. Er möchte Aufklärung, sie bleibt sprachlos. Er dringt mit juristischer Eloquenz in sie und wird laut; sie reagiert nicht; er wird verbal bedrohlich, sie beginnt dann, ihn ebenfalls, und zwar ungehobelt, zu beschimpfen und zieht sich schließlich zurück. Beide finden das Verhalten des Anderen unmöglich.

Ihr Rückzug versetzt ihn ebenso in Panik, wie er sie mit seinen wortgewaltigen Attacken erschreckt. Nicht nur, dass ihr Vater gewalttätig war und sie sich von ihrem Ehemann, einem Vertreter von Recht und Gesetz, ihre Rettung erhoffte; statt Schutz bei ihm zu finden wird sie auch noch von ihm angeklagt. Sie reagiert darüber hinaus aufgrund ihrer Gewalterfahrungen hoch sensibel auf seine verbale Vergewaltigung. Aber gerade das ist seine Notfallreaktion: Er hat doch so recht, und warum will sie es nicht einsehen. Und ihre Flucht in die Sprachlosigkeit und in ihr Zimmer mobilisiert die furchtbare Angst seiner Kindheit, von der wichtigsten Person seines Lebens verlassen zu werden. Keiner von beiden war Herr seiner Gefühle, und damit versetzte jeder den Anderen in Angst und Schrecken.

Die unwiderstehliche Attraktion zweier Menschen kann ihren tieferen Grund darin haben, dass der Partner vordergründig eine Entlastung für bestimmte Ängste bietet: Verlustangst, Angst vor Überwältigung; Angst, kontrolliert zu werden; Angst, Verantwortung zu übernehmen. Im Stress aber verhält sich dann der Partner genau so, dass eben diese Ängste mobilisiert werden. Das führt zu wiederkehrenden Konflikten – oder dazu, dass Konflikte überhaupt vermieden werden, wobei dann aber bestimmte Bedürfnisse auf der Strecke bleiben. In allgemeiner Form lassen biografische Prägungen, wie sie in Tabelle 1 zusammengestellt wurden, die gegenseitige Attraktion und das Konfliktpotential von Menschen mit bestimmten Beziehungsmustern erahnen. Der Weg, sich aus derartigen Verstrickungen zu befreien, besteht in der Bearbeitung der zugrunde liegenden Ängste. Neben diesen persönlichen Begrenzungen der Liebesfähigkeit gibt es kulturelle Gegebenheiten, durch die Konflikte in der Liebe vorprogrammiert sind. Diese sollen im nächsten Abschnitt beschrieben werden.

Was die Liebe begrenzt

10 Biologische Ausstattung

Die über Jahrtausende bestehende Tendenz der Menschen, sich in Zweierbeziehungen zu binden, lässt biologische Wurzeln dieses Verhaltens vermuten. Ein angeborenes Bedürfnis nach *Paarung* (Fortpflanzung), *Geborgenheit* (Bindung) und *Brutfürsorge* wäre Grund genug dafür. Die Rollen von Männern und Frauen wären dabei unterschiedlich zu charakterisieren: Frauen würden ihre Partner eher danach aussuchen, ob sie über Ressourcen für die Sicherung der Familie verfügen, und Männer ihre Partnerinnen nach Gesichtspunkten der Reproduktionsfähigkeit. Diese Grundbedürfnisse der Beziehung sind möglicherweise sogar hormonell verankert.[14] Demzufolge müssten Beziehungen zunächst von der sexuellen Attraktion und später von Fürsorge und dem Bedürfnis nach Geborgenheit bestimmt sein.

Manche Psychologen und Biologen argumentieren, dass die Evolution der Sexualität bei Mann und Frau, wie schon erwähnt (vgl. Kapitel 4), möglicherweise eine unterschiedliche Rolle für das Überleben und die Reproduktion zuordnet: Um die Art zu erhalten, sei es für das Männchen nützlich, viele Weibchen zu befruchten und damit sein genetisches Gut weit zu streuen. Aufgrund des praktisch unbegrenzten Nachwuchses, den ein Mann erzeugen könnte, läge seine Selektionsstrategie in der Quantität; abgesehen davon spielen nur Gesundheit und Gebärfähigkeit der Partnerin eine Rolle. Für die Frau dagegen hätte die Sexualität eine andere Funktion. Sie kann nur begrenzt viele Kinder gebären und muss daher einen Partner sorgfältiger auswählen. Ihre Strategie sei demgemäß an Qualität orientiert. Sie suche eher *einen* Mann mit günstigem Erbgut, um ihre wenigen Kinder gut auszustatten. Außerdem sorgt sie mit der Muttermilch und später mit anderen Lebensmitteln relativ verlässlich für das Überleben und das Wachsen der Kinder und braucht vornehmlich einen Mann, der die Familie schützt und vielleicht auch noch ein guter Jäger ist.

Dass an diesen Geschlechtsstereotypen Zweifel angebracht sind, zeigt sich in einer Untersuchung an über 10 000 Personen aus 37 Völkern der ganzen Welt; die wichtigsten vier Kriterien der Partnerwahl für Männer und Frauen sind gleich, nämlich: gegenseitige Anziehung, verlässlicher Charakter, emotionale Reife und angenehme Wesensart. Nur gutes Aussehen und Gesundheit des Partners sind etwas wichtiger für Männer, während Frauen Fleiß und sozialen Status des Partners bedeutsamer finden. Die Unterschiede sind verblüffend gering. Es stellte sich außerdem heraus, dass Männer für nur kurze Affären im Gegensatz zu Frauen nicht so wählerisch sind und dafür Sexualpartner mit unterdurchschnittlicher Intelligenz bevorzugen.[15] Biologisch existiert kein Grund für Privilegien des Mannes. Sozialpsychologisch orientierte Kritiker der Position des genetischen Machismus halten außerdem dagegen, dass der lockere Umgang der Männer mit der Sexualität auch kulturell bedingt sein könnte, da Frauen im Allgemeinen härtere Sanktionen zu erwarten haben, wenn sie sich leichtfertig auf eine Beziehung einlassen[16].

Die Ungleichheit der Rechte, Pflichten und Belastungen von Mann und Frau ist in vielen Gesellschaften dennoch so verbreitet, als hätte es diese mehr oder weniger offene Ungerechtigkeit schon immer gegeben. Und beobachten wir nicht auch Züge dieses Machismo im Tierreich? Wir begegnen ständig entsprechenden Metaphern in unserer Sprache. Man sagt »stolz wie ein Hahn« und niemals »stolz wie eine Henne«. Man sagt, »er hat Hengstmanieren«, aber nicht »sie hat Stutenmanieren«. Solche Konzepte schreiben indirekt gewisse Unterschiede zwischen den Geschlechtern fest, als seien sie naturgegeben. Aber was finden sich wirklich für grundsätzliche, biologisch bestimmte Unterschiede, die beispielsweise den Mann untreuer sein lassen als die Frau?

Tatsächlich gibt es sogar eher bei Frauen eine genetische Tendenz zur Untreue. Das ließe sich zumindest aus der Tatsache ableiten, dass über 99 % der Spermien des Mannes nicht die Befruchtung des weiblichen Eis anstreben, sondern einen Schutzwall um das Ei bilden und alle fremden Spermien umbringen. Ferner produzieren Männer im Experiment mehr Spermien, wenn sie eine Woche außer Haus abstinent leben, als wenn sie dieselbe Zeit zu Hause abstinent verbringen, als würden sie im ersten Fall Material sammeln, um während ihrer Abwesenheit eingedrungene Gäste auszuspülen (Spermien behalten ungefähr 36 Stunden ihre Fruchtbarkeit). Hinzu kommt die schon erwähnte hohe Quote der Kuckuckskinder, von denen der Ehemann gar nicht weiß, dass er nicht der Vater ist. Demnach besteht offenbar kein Grund zur Annahme, dass Männer mehr als Frauen auf Promiskuität programmiert seien und deshalb zwangsläufig Frauen dominieren oder gar vergewaltigen müssen.

Außerdem würden sich Mann und Frau ständig etwas vormachen, wenn die unterschiedlichen Auswahlstrategien zur optimalen Sicherung der Nachkommenschaft gelten würden: Der Mann schwört nämlich auf romantische Bindung, um das

Herz der Frau zu gewinnen. Das wäre eine glatte Lüge, wenn er eigentlich Promiskuität anstrebt, womit er sich natürlich bei der Dame seines Herzens alle Chancen verscherzen würde. Die Frau dagegen würde ständige sexuelle Bereitschaft vorgaukeln, wie es uns im Playboy und anderen Hochglanzjournalen nahe gelegt wird, obwohl sie eigentlich einen dauerhaften Versorger sucht, womit sie aber viele Männer verscheuchen würde, die ihre Freiheit bewahren möchten.

Welche Beziehungsform bei unseren nächsten Verwandten, den Affen vorherrscht, ist an Körpermerkmalen feststellbar: Bei Vielmännerei (Polyandrie) ist das Weibchen größer – z. B. bei den Schimpansen; bei Vielweiberei (Polygynie) ist das Männchen größer – z. B. bei den Orang-Utans. Darüber hinaus ist das relative Hodengewicht bei den Männchen dieser Arten höher als bei Arten mit polyandrischer Lebensform. An diesen Indizes gemessen, müsste der Mensch seiner Veranlagung nach monogam oder allenfalls geringfügig polygam sein. Die amerikanische Soziobiologin Helen Fisher fand beim Vergleich von über 800 menschlichen Gesellschaften unterschiedlichster Kulturkreise, dass 84 % Polygynie grundsätzlich zuließen, aber nur 10 % der Männer tatsächlich mehr als eine Frau hatten. Monogamie war in 16 % und Polyandrie nur in 0,5 % der Gesellschaften vorgesehen.

Die Menschenaffen, unsere Schwestern und Brüder im Tierreich, bieten keine Anhaltspunkte für eine biologisch fundierte Norm der Beziehung zwischen den Geschlechtern. Die Primaten scheinen eher ihr instinktiv vorhersagbares Verhalten verloren zu haben, ohne aber wie die Menschen dafür Traditionen entwickelt zu haben.[17] Es gibt dort Monogamie, Polygamie, Promiskuität und Inzest. Die Abwesenheit von strikten Regeln bei unseren nächsten Verwandten zeigt am ehesten, dass die Natürlichkeit in der Vielfalt des Verhaltens besteht.

In der Sexualität unterscheiden sich Menschen allerdings in vieler Hinsicht von allen Tieren. Kaum eine andere Tierart ist während des ganzen Jahres und ein Leben lang sexuell empfänglich, wie es Mann und Frau des Homo sapiens sind. Bei keiner Tierart dauert der Geschlechtsakt besonders lang. Im Gegensatz dazu kann er sich bei Menschen über Stunden hinziehen. Auch hat der Mensch die nackte Haut als ein besonders sensibles Organ, das mit den behaarten Tieren nicht vergleichbare Formen der Zärtlichkeit zulässt. Und schließlich zeigt der Mensch durch seinen aufrechten Gang ständig mehr oder weniger verdeckt seine Genitalregion. Das alles macht die Sexualität zu einem prominenten Merkmal der menschlichen Erscheinung. Allerdings ist der Mensch auch die einzige Spezies, die den Geschlechtsverkehr eher heimlich betreibt und in der die Fruchtbarkeit der Frau nicht offen sichtbar ist, wie etwa bei den Pavianen, bei denen sich der Hintern rot färbt.

Die Sozialwissenschaftler beziehen sich gern auf Darwins *Entstehung der Arten durch natürliche Selektion* aus dem Jahre 1859 und versuchen, damit den Kampf ums Dasein und so auch den Kampf der Geschlechter mit biologischer Notwendigkeit zu rechtfertigen. Altruistische Liebe hat in diesem Modell keinen rechten Platz – höchstens als »Moral-analoges Verhalten«, als Arterhaltungsinstinkt, wie es der Verhaltensbiologe Konrad Lorenz nennt. Solche Prinzipien des Überlebenskampfes *zwischen den Arten* erklären, dass sich immer mehr und lebenstüchtigere Tierarten entwickeln. Diese Erkenntnisse auf die Entwicklung der Individuen *innerhalb der Art* homo sapiens zu übertragen, würde bedeuten, dass es immer mehr Individualität und zunehmend Kämpfe zwischen den Menschen und immer weniger Gemeinsamkeit gibt. Keine guten Aussichten.

Es gibt jedoch einen anderen Gesichtspunkt, der es unwahrscheinlich erscheinen lässt, dass es bei der Partnerwahl allein um Gesichtspunkte der Auslese der Stärksten geht. Wenn jeder für sich kämpft, dann würde die Menschheit durch erbarmungslosen Konkurrenzkampf zentrifugal auseinanderstreben wie die Gestirne des Weltalls. Es muss unter den Menschen eine Gegenkraft geben, ähnlich der Anziehung der Himmelskörper durch Schwerkraft, und das könnte die Liebe sein, vermutet der Neurobiologe Gerald Hüther. Auch wenn das eine romantisch anmutende Spekulation ist – so ist festzuhalten, dass auch die Anwendung der Gesetze der Arterhaltung auf die menschliche Gesellschaft Spekulation ist, nur eine weniger humane.

Die Sexualität scheint dem Menschen wenigstens vorübergehend die verloren gegangene Instinktleitung wiederzugeben. Dadurch ist sie ebenso wünschenswert für den Einzelnen, wie sie bedrohlich ist für die Gesellschaft, wie der Psychoanalytiker und Kulturkritiker Wilhelm Reich speziell auch im Hinblick auf das Dritte Reich meinte. Denn durch sie könnte die Machtstruktur in Frage gestellt werden, welche mit der bürgerlichen Moral der Einheitsfamilie verbunden ist. Die sexuelle Begierde lässt sich durch soziale Normen nicht so leicht einschränken. Das macht die genannte Heimlichkeit der menschlichen Sexualität plausibel: Sie befreit sie von ihrer Bedrohlichkeit für die Gesellschaft.

Anders als Freud sind Reich und seine Schüler, die Bioenergetiker Alexander Lowen und John Pierrakos, der Auffassung, dass im Orgasmus eine gesunde Urform der Erfahrung zu sehen ist, in der die Lebensenergie ungehemmt und ohne Blockaden fließen kann. Psychische Hemmungen drücken sich durch muskuläre Blockaden in Becken, Bauch, Zwerchfell, Rücken, Atmung, Kehle, Kiefer und Augen aus, um nur die wichtigsten Zonen zu nennen, mit denen wir unsere Emotionalität regeln. Chronische Blockierung der Emotionalität und Kanalisierung der Sexualität führen danach zu Neurosen. Ungehemmte Sexualität dagegen ist gesund. In dieser energetischen Betrachtung treffen sich die Ideen der Körpertherapie mit denen der sexuellen Spiritualität des Orients (s. o.).

Die Sexualität der Menschen ist also deutlich von der der Tiere unterschieden. Sie ist sowohl in Häufigkeit und Dauer als auch in der Variationsbreite alles andere als begrenzt und verbindet den Menschen mit seinen vitalen ebenso wie mit seinen spirituellen Energien. Die Dauerbrunft des Menschen bindet aber auch die Paare aneinander, was der Brutpflege des am Anfang so unfertigen menschlichen Nachwuchses zu gute kommt, sowie darüber hinaus auch, wie wir sehen werden, der Weiterentwicklung der Liebespartner. Begrenzungen der Liebe sind also weniger biologischer als psychologischer Art.

11 Macht, Gewalt und Sexualität

Unser persönliches Wachstum ist durch soziale und durch neurotische Barrieren begrenzt. Das soziale Gefüge, in dem wir leben, wird durch Machtstrukturen bestimmt, die in den westlichen Kulturen im Wesentlichen durch Geld repräsentiert sind – in den USA kann beispielsweise im Allgemeinen nur ein Bürger Präsident werden, der über beträchtliche finanzielle Ressourcen verfügt. Aber das Geld ist oft nur Mittel zum Zweck der Aufrechterhaltung einer Hierarchie, in der festgeschrieben ist, wer wen dominiert. Die Erste Welt dominiert die Dritte Welt, Kapitaleigner dominieren die Arbeitnehmer, Männer die Frauen und Menschen generell die Natur. Derartige Dominanzstrukturen kommen seit einigen Generationen durch Tendenzen wie Sozialismus, Demokratisierung, Feminismus, Ökologie, Globalisierung, ethnische Emanzipation und so weiter in Bewegung. Diese Entwicklung ist allerdings noch nicht sehr weit gediehen, es sind manchmal nur Lippenbekenntnisse.

Immer wieder gibt es deutliche Rückfälle in die traditionellen Strukturen wie im Separatismus auf dem Balkan, beim Fundamentalismus im Nahen Osten oder beim Imperialismus in den USA.

In vielen traditionellen Kulturen hat die Frau einen schlechten Stand – selbst in Deutschland ist die Bezahlung für Frauen in gleichen Positionen niedriger als für Männer, und die Frauenquote in einflussreichen Positionen ist alles andere als 50 %. An den Universitäten sind beispielsweise in vielen Fakultäten mehr als die Hälfte der Studenten weiblich, während weniger als 5 % der Professorenstellen von Frauen besetzt sind.

In der Wirtschaft und Politik nimmt eine erfolgreiche Frau, um bestehen zu können, nicht selten männliche Züge an – wie etwa die Negativ-Ikone Maggie Thatcher. Und auch bei Madonna verhält es sich, wenn auch in hübscherer Verkleidung, nicht sehr viel anders. Wir leben immer noch im Patriarchat, in dem männliche Werte entscheiden: Vernunft, Abspaltung des Gefühls, Leistung, Konkurrenz, Konfliktlösung durch Kampf, Leben durch Vernichtung von Leben oder durch Androhung von Schmerz. Die Sieger in einem solchen System sind die, die Angst verleugnen und Leistung mit dem Verlust der Hingabefähigkeit zu bezahlen gewillt sind. Diejenigen, die den Anforderungen einer solchen Kultur nicht gerecht zu werden glauben, werden neurotisch, psychotisch, psychosomatisch krank oder süchtig und verlieren jedes soziale Prestige, auch wenn sie seelisch gesund bleiben: die Alten, die Behinderten, die Rollstuhlfahrer, die Kranken, die Mittelmäßigen, die Versager, die drop-outs.

Innerhalb einer solchen Gesellschaft wird die Heilung von seelischem Leiden und ebenso das persönliche Wachstum häufig als eine Privatsache angesehen, die der Einzelne in der

Psychotherapie oder einer Selbsthilfegruppe, vielleicht auch durch Meditation, durch private Fortbildung oder im Fitnessstudio mit sich alleine abmacht. Aber das seelische Leiden ist auch ein politisches Phänomen, allerdings wurde durch die Erfindung der Psychotherapie davon abgelenkt – diese suggeriert uns nämlich, ein psychisches Problem sei ähnlich wie eine medizinische Krankheit eine *individuelle* Dysfunktion aufgrund einer Organschwäche oder einer Verletzung. Das trifft allerdings – zumindest in dieser Ausschließlichkeit – nicht zu. Der amerikanische Psychoanalytiker James Hillman hat mit seinem Buch »100 Jahre Psychotherapie, und der Welt geht es immer schlechter« darauf hingewiesen, dass wir durch die Nabelschau der Psychotherapie lediglich von dem politischen Aspekt unserer Probleme abgelenkt werden. Um zu begreifen, woran wir in unseren intimen Beziehungen scheitern, müssen wir die Zusammenhänge zwischen Macht, Gewalt und Sexualität verstehen. Die westlichen wie auch die meisten östlichen Gesellschaften leben heute in einer Sozialstruktur, die an männlichen Werten orientiert ist.[18] Die instrumentelle Vernunft – die Grundlage von Wissenschaft, Technik und Ökonomie und damit die Grundlage der Beherrschung der Welt – ist männlich. Sie ist das geistige Prinzip, mit dem wir das Wesen und die Zusammenhänge der Dinge zu durchdringen versuchen. Ihr Symbol ist der Stab: als Lanze oder Schwert, das die Dinge voneinander trennt; als Phallus und Zauberstab, der den Menschen mit dem Himmel verbindet; die Obelisken und Siegessäulen auf den Plätzen und vor öffentlichen Gebäuden zur Erinnerung an militärische Erfolge; die erigierten Penisse an den Hermes-Statuen vor den Häusern im alten Athen vor zweitausend Jahren. Die griechische Demokratie, unser kulturelles Vorbild, war eine Phallokratie. Es gab aber auch andere Zeiten.

Die patriarchalen Gesellschaften im Mittelmeerraum und Kleinasien sind etwa fünftausend Jahre alt. Ihr Markenzeichen ist der Krieg, nicht die Liebe – in dieser Zeit fanden 1500 Kriege statt, soweit sie in der Geschichtsschreibung festgehalten wurden.[19] Im letzten Jahrhundert scheint die Statistik mit 50 Kriegen allein in den 50 Jahren nach dem Zweiten Weltkrieg ihren bisherigen Höhepunkt erreicht zu haben. Zu Recht ist das 20. Jahrhundert das Jahrhundert des Todes genannt worden.[20]

Davor, im alten Europa und Vorderen Orient der Jungsteinzeit von 8000 bis 3000 vor Christus, gab es zahlreiche Ackerbaukulturen. Dort hatten Frauen wahrscheinlich eine weniger zwiegespaltene Rolle inne als später in der christlichen-islamischen Epoche. Das heißt nicht, dass die Frauen regierten und die Männer von ihnen unterdrückt wurden, sondern dass feminine Werte eine größere Bedeutung hatten als heute. Frauen und Sexualität wurden, so scheint es, aufgrund der Abhängigkeit der Gesellschaft von der Fruchtbarkeit des Ackers und des Viehs als besonders mit der Natur verbunden angesehen und genossen entsprechende Verehrung. Nach Meinung einiger Anthropologen waren diese Gesellschaften weniger hierarchisch organisiert, und Dominanz war nicht das vorherrschende Prinzip der Konfliktlösung.[21] Es gibt allerdings keine schriftlichen Zeugnisse, nur Hinweise: Die Siedlungen hatten keine Befestigungen. In den 119 erhaltenen Wandmalereien der Stadt Catal Huyük in Anatolien aus der Zeit um 6000 vor Christus gibt es keine Darstellungen von Sklaven, Kampf, Krieg oder Folter und in den Höhlenzeichnungen der Altsteinzeit keine Bilder von Waffen, die gegen Menschen gerichtet sind.[22]

Der Sieg der patriarchalen Völker beruht unter anderem auf einer virtuosen Fähigkeit, Affekte abzuspalten und zu töten.

Die nomadischen Hirtenvölker lernen das automatisch, weil sie von dem Fleisch der Tiere leben, die sie als Jungtiere liebevoll aufziehen und schützen. Die Abspaltung der Affekte erreichen wir durch muskuläre Sperren, die zur Versteifung bestimmter Körperregionen führen – der Hüften, des Zwerchfells, der Kehle, der Kinnladen –, um spontane Lust, Weinen und stimmlichen Ausdruck des Gefühls zu blockieren. Das macht Menschen im Extremfall zu kontrollierbaren Robotern mit starkem Rücken, um nicht zurückzuweichen, und gewölbter Brust, um einen Furcht einflößenden Eindruck zu machen. Derart gepanzert können sie als Soldaten in den Kampf geschickt werden, um zu töten und zu sterben. Ein solcher Körper kann nicht mehr in natürlicher Weise Spannung abbauen und sich entladen. Angst und Trauer haben keinen Platz, und Sexualität findet in abgespaltenen Formen statt – als Prostitution oder Vergewaltigung. Und wenn die innere Versteifung zusammenbricht, entwickeln sich pathologische Angst und Trauer – Phobien und Depression.

Neben einem schwachen biologischen Erbe, wie im vorangehenden Kapitel beschrieben, bestimmt eine starke kulturelle Komponente die Beziehung der Geschlechter und das Verhältnis zur Sexualität. Beide Einflüsse sind weitgehend unbewusst, bringen aber ein gewisses Konfliktpotential in die Liebesbeziehung: Mann und Frau haben u. U. von Natur aus etwas andere Bedürfnisse bezüglich Sexualität und Bindung, und Männer bringen möglicherweise in unserer Kultur ein gespaltenes Verhältnis zur Frau mit.

Was die Liebe begrenzt 79

Abbildung 1: Venus-Statuette aus der Altsteinzeit aus Willendorf, Österreich, die ca. 25–35 000 Jahre alt ist und die typischerweise keine individuellen Züge trägt, sondern die weiblichen Geschlechtsmerkmale Busen und Hüften betont. (Mit freundlicher Genehmigung, akg-images/Erich Lessing.)

12 Das Erbe der Neuzeit

Freud erkannte die Bedeutung der Sexualität, hielt jedoch eine bestimmte Form der Sexualität, nämlich die patriarchale, für die Natur des Menschen. Und aus den sexuellen Wirren, die in unserer Gesellschaft vorherrschen, meinte er schließen zu müssen, dass sie ein Feind der Kultur sei. Daher plädierte er für die Unterdrückung der Sexualität durch Sublimation, also ihre Transformation in sozial akzeptable Leistungen. Sexualität müsse beherrscht werden, um den Schaden zu begrenzen, den sie anzurichten in der Lage ist. Dies stimmt vollkommen damit überein, dass in den modernen Gesellschaften die Naturbeherrschung zum zivilisatorischen Fortschritt geführt hat. Es ergibt sich die logische Schlussfolgerung:

> Wenn die Beherrschung der Natur die Zivilisation ermöglicht; und wenn
> Kultur die innere Zivilisation des Menschen repräsentiert; wenn außerdem
> die menschlichen Triebe, allen voran die Sexualität, die innere Natur des Menschen ausmachen,
>
> ---
>
> dann ist es die Beherrschung der Sexualität, die Kultur ermöglicht.

In den patriarchalen Religionen Judentum, Islam und Christentum wird Sexualität entweder als pornografisch vulgär oder als unziemlich und peinlich gebrandmarkt und damit aus dem Alltagsbewusstsein verbannt. Die Sexualität der Frau wird dabei als sündhaft, gefährlich und doch zugleich als magisch anziehend dargestellt. Die Frau als Quelle dieser Gefahr wird abgewertet, als Hure diskreditiert oder sogar als Hexe verbrannt. Im Mittelalter wurden zwischen hunderttausend und einer Million Frauen von der Inquisition ermordet. Im Jemen wurden noch 1993 vier der Prostitution bezichtige Frauen öffentlich gesteinigt. Die Sexualität des Mannes dagegen wird stillschweigend geduldet, seine Promiskuität doppelbödig verschwiegen oder als Sonderrecht proklamiert. Die Sexualität ist bedrohlich, und die Frau ist dafür der Sündenbock. Adam schaffte dem Mythos nach die eigenwillige Lilith ab und ersetzte sie durch die gefügigere Eva aus der eigenen Rippe.

Warum ist die Sexualität gefährlich, und warum wird die Frau dafür haftbar gemacht? Sie kann das männliche Weltbild verunsichern, denn sie ist Repräsentant einer sozialen Ordnung, die sich nicht auf Dominanz gründet. In unserer Zeit ist deutlich geworden, dass die Unterwerfung der Natur im Namen des Fortschritts zur Zerstörung der Natur geführt hat, und auch die Unterdrückung der Sexualität können wir in diesem Licht betrachten: dass nämlich beides dieselbe Wurzel haben könnte und dass die Abkehr von gewaltsamer Naturbeherrschung auch eine sexuelle Emanzipation mit sich bringen kann.

Wir könnten uns darauf besinnen, dass es Zeiten und Kulturen gab, in denen Liebe und Sexualität höher gewertet wurden als Gewalt. Dass der Sexualität eine spirituelle Kraft innewohnt, die Menschen in friedlicher Weise verbindet. Das hat eine lange Vorgeschichte. Um noch einmal auf die Affen zurück zu kommen: Schon bei unseren nächsten Verwandten, den Schimpansen, gibt es eine Spezies – die Bonobos – die Konflikte auf sexuellem Wege löst. So kopulieren sie beispielsweise vor der Verteilung von Nahrungsvorräten – übrigens frontal wie die Menschen und ohne dabei zu ejakulieren –, um Spannung abzubauen und dann friedlich und ohne Konkurrenzgerangel zu fressen.

Wir müssen ja nicht auf die Affen zurückgreifen. Es reicht, sich auf die matrifokalen Gesellschaften in der Jungsteinzeit und deren gegenwärtige Beispiele zu besinnen, um zu begreifen, dass unser westliches Bild der Weiblichkeit nicht naturgegeben ist. Es genügt sich zu erinnern, dass im hinduistischen Indien erotische Szenen in Stein gemeißelt die Tempel schmückten; die Geschlechtsteile waren kein öffentliches Ärgernis, sie waren nicht verpönt und mussten nicht versteckt werden. Dem Penis (Lingam) und der Vagina (Yoni) wurden Statuen geweiht, die bekränzt und verehrt wurden. Erst der islamische Missionseifer, nicht weniger zerstörerisch als der christliche, hat nicht nur den Buddhismus in Indien zerschlagen, sondern der Kultur auch ihre sexuelle Unbefangenheit genommen.

Jetzt haben wir über die Doppelbödigkeit der Sexualmoral und über einige kulturell-historische Bestandteile der menschlichen Liebe geredet. Bevor wir die Möglichkeiten betrachten, in der Liebe glücklich zu werden, soll noch etwas über die in unserer Gesellschaft typische Familienkonstellation gesagt werden und wie sie sich auf das Bindungsverhalten auswirkt.

13 Der nicht verfügbare Mann

Durch die seit etwa 50 Jahren zunehmende Mobilität in den westlichen Industrieländern ergibt sich eine eigentümliche familiäre Situation: Der Vater ist beruflich engagiert, erfolgreich und häufig abwesend, während die Mutter, auf die Hausfrauenrolle fixiert, überwiegend zu Hause ist. Das scheint sich mit der Professionalisierung der Frau zu ändern. Aber noch leben wir in den Ausläufern einer patriarchalen Gesellschaft, in der Hausmänner selten sind. Diese Rollenverteilung hat ihre Folgen für die Gestaltung von Liebesbeziehungen.

Der abwesende Ehemann ist zwar ein guter Versorger, aber kein guter Vater, wie der kanadische Psychoanalytiker Guy Corneau anschaulich zeigt. Sowohl als Vorbild wie als Reibungsfläche, um männliche Durchsetzung in einem sicheren Rahmen zu erproben und die Frustration der Begrenzung zu erfahren und ertragen zu lernen, braucht der Sohn den Vater. Wenn der Vater darüber hinaus seine weibliche Seite – seine Anima, wie C. G. Jung sagt – nicht entwickelt hat, da er sich hauptsächlich in dem an maskulinen Werten ausgerichteten Konkurrenzkampf der Arbeit durchsetzen muss, stellt er ein einseitiges Modell dar. Da er im Alltag nicht wirklich greifbar ist, wird er leicht idealisiert, denn während seiner begrenzten Anwesenheit führt er entweder Erziehungsaufträge der Ehefrau aus, oder er zeigt sich von seiner Schokoladenseite.

Außerdem bewältigt der nur mit längeren Unterbrechungen verfügbare Vater typischerweise die Attraktion zur heranwachsenden Tochter nicht. Wenn sich im Alter zwischen acht und zehn Jahren in die Beziehung zur Tochter erotische Anklänge einmischen, wird der davon überraschte Vater bewusst oder unbewusst die Distanz zwischen sich und der Tochter vergrößern, womit er ihr die erste und vielleicht wichtigste Bestätigung ihrer Weiblichkeit versagt. Das kleine Mädchen versteht das nicht und fühlt sich zurückgewiesen. Als Reaktion entwickelt sie entweder eine Tendenz zur Übertreibung oder kindlich kokette Verhaltensweisen, um Aufmerksamkeit zu erregen; oder aber sie sucht die Nähe zum Vater durch kumpelhaftes Verhalten und Identifikation mit männlichen Werten.

Die Ehefrau gewöhnt sich im ungünstigen Fall so sehr an die Mutterrolle als ihre einzige Bestimmung, dass sie daraus ihre Identität bezieht. Das ist gesellschaftlich erwünscht, denn die geschäftlich erfolgreiche Frau ist für die Männerwelt bedrohlich. Ebenso verpönt ist der Frauentyp, der die Sexualität der Versorgung der Kinder vorzieht, repräsentiert durch die mythische Figur der Lilith – Adams erster Frau, die nicht bereit war, sich ihrem Mann zu unterwerfen. Sie ist höchstens als Trophäe oder Affäre interessant. Die typische Mutter dagegen ist für den Mann ein verlässlicher Hafen. Allerdings wählt sie häufig anstelle des abwesenden Mannes eines der Kinder zu ihrem intimen Vertrauten, was manchmal einem emotionalen Missbrauch gleichkommt.

Für einen Sohn (»Ödipus«) ist eine solche Situation schwieriger als für eine Tochter, denn der Sohn muss sich von seiner Mutter lösen, und dafür braucht er den Vater als Weggefährten – der jedoch zu wenig verfügbar ist. Die Tochter dagegen kann der Mutter nahe bleiben und sich mit ihr identifizieren. Wenn die Kinder älter werden, hält die Mutter unter Umständen länger als nötig an ihnen fest und verhindert so ihre Individuation, besonders die der Tochter, die sich für das Wohlergehen der Mutter verantwortlich fühlt. Aus dem favorisierten Sohn macht die Mutter den braven Buben, der innerlich seiner Mutter treu bleibt und sie auch als Erwachsener noch konsultiert, sie einmal die Woche anruft, bei Ehekrach zu ihr flüchtet und sich nie restlos auf seine eigene Liebste einlässt.

Eine in der Mutterrolle frustrierte Frau hat einerseits unerfüllte Wünsche an den Mann. Aus der Vernachlässigung, die sie erlebt, entwickelt sich eine zwiespältige Haltung: einerseits Sehnsucht nach Männern, andererseits aber auch eine stille Verachtung für sie. Die Tochter übernimmt davon etwas und entwickelt einen Anteil, der die Männer verfolgen und strafen würde, wenn ihr das möglich wäre. In ihr entsteht einerseits das Bild der Furie, der Rächerin der Mutter, und andererseits das negative Selbstbild der nicht geachteten Frau.

Im Sohn dagegen wächst eine doppelte Moral. Um dem emotional vereinnahmenden Einfluss der Mutter zu entgehen, bewahrt er seinen Stolz dadurch, dass er sich nicht ganz auf sie und später dann mit denselben Vorbehalten nur bedingt auf seine Partnerin einlässt. Entweder entzieht er sich der Ehe durch Männerfreundschaften wie der alternde Tolstoi, der am Ende vor seiner Frau floh, um im Wohnzimmer des Stationsvorstehers der Eisenbahn zu sterben. Oder er stürzt sich in die Arbeit, den Alkohol oder in Nebenbeziehungen. Dabei wird er im günstigeren Fall Casanova, der allen Frauen huldigt, ohne sich ihnen zu verpflichten; im ungünstigen Fall wird er Don Juan, der auszieht, um die Frauenherzen zu brechen.

Die doppelte Moral besteht darin, dass der Mann sexuelle Freiheit für sich in Anspruch nimmt, ohne sie seiner Frau zuzugestehen – falls diese sie überhaupt für sich reklamieren würde. Für eine gelungene Entwicklung müsste der Mann sich so weit von seiner Mutter lösen, dass er weder Frauen betrügen muss, mit denen er letztlich seine Mutter auf Distanz hält, noch dass er fortfährt, anstelle des Vaters ihr Prinz zu sein – der brave Bub, der nett und charmant ist, aber in der Beziehung keine Verantwortung übernimmt. Ich erinnere mich, dass ich jahrelang jedes neue Buch, das ich geschrieben hatte, in Gedanken zum Grab meiner Mutter trug, um sie stolz zu machen, was meinem Vater, der angeschlagen aus dem Krieg zurück kam, nicht vergönnt gewesen war.

Das alles zusammen bildet das Negativ-Szenario, das sich aus der Konstellation eines nicht verfügbaren Vaters und einer vereinnahmenden Mutter ergeben kann. Es tritt sicher normalerweise in so extremer Form nicht oft auf. Aber Spuren davon lassen sich in manchen Liebesbeziehungen entdecken.

Wir haben einen großen Bogen geschlagen, um die ökologische Nische zu beschreiben, in der Liebesbeziehungen entstehen. Die biologische Herkunft färbt zwar unter Umständen in gewissem

Umfang das sexuelle Verhalten und die Rolle von Mann und Frau in der Aufzucht der Kinder. Das Wesentliche ist aber der Verlust der Instinktleitung, der sich schon bei den Menschenaffen andeutet. Die schwache genetische Festlegung wird von kulturellen Einflüssen überformt, die bis zu den matriarchalen Wurzeln der Jungsteinzeit reichen. Die gegenwärtige Familiensituation in den westlichen Zivilisationen ist einerseits durch den Verlust des kollektiven Bezugs und andererseits durch die Emanzipation der Frau sowie einen häufig abwesenden Mann gekennzeichnet. Dadurch wird bei der Frau tendenziell ein gespaltenes Selbstverständnis und beim Mann eine doppelte Moral angelegt. Betrachten wir als Nächstes, wie die Liebe aussieht, die aus dieser Konstellation resultiert.

Wie die Liebe aussieht

14 Variationen des Themas Liebe

Untersuchungen des amerikanischen Soziologen James Lee an vielen tausend Personen ergaben, dass es sechs typische Formen der Liebe gibt. Lee stützte seine Formulierungen zunächst auf ein gründliches Studium der Belletristik und Philosophie zum Thema Liebe und konnte dann auf empirischem Wege sechs Liebesstile isolieren, die sich in zahlreichen Erhebungen in den unterschiedlichsten Kulturen von Nord- und Südamerika, Europa und Asien wiederfanden. Jeder dieser Liebesstile findet sich bei Frauen wie Männern und kann als Strategie aufgefasst werden, bestimmte Ängste zu vermeiden und einer Desillusionierung in der Liebe vorzubeugen.

Ludus: Der spielerische Liebhaber/die spielerische Liebhaberin ist auf Maximierung des Lustgewinns bedacht und lässt sich gar nicht erst so weit ein, dass die mögliche Enttäuschung schmerzen könnte. Dadurch bleibt er/sie von der Verlustangst verschont. Vorsichtshalber hat er/sie immer mehrere Eisen im Feuer und verfolgt eine hedonistische Strategie frei nach Epikur: das Gute genießen, das Unangenehme vermeiden, oder – wenn das nicht geht – es zumindest ignorieren.

Mania: Der besitzergreifende Liebende will die Enttäuschung des Verlusts ausschließen, indem er/sie den Partner zu reformieren versucht: Der Andere muss doch einsehen, dass er so zu sein hat, dass er meinen Wünschen entspricht. Kontrolle und Eifersucht behindern das Glück einer davon geprägten Beziehung, die ansonsten sehr viel Nähe und Intensität verspricht.

Eros: Der wahre Romantiker sucht lange und sorgfältig, bis er einen Liebespartner gefunden hat, der seinem Ideal nahe kommt. Er wacht sorgfältig darüber, dass keine Schönheitsfehler sich in die Liebesbeziehung einschleichen. Er verwirft die Beziehung schnell, wenn die Makellosigkeit zu bröckeln beginnt. Er möchte die Angst vor der Kränkung vermeiden, dass er nicht das Ideal gefunden hat, und macht sich daher erneut auf die Suche nach dem Traumpartner.

Agape: Der altruistisch Liebende bemüht sich, in den Anderen hineinzusehen und herauszufinden, was er für ihn tun kann, damit er zufrieden ist. Für ihn ist Liebe Geben, nicht Nehmen. Selbst wenn er nichts zurückbekommt, lebt er in der Hingabe an seinen geliebten Partner wie eine Mutter in der Hingabe an ihr Kind. Um seine eigene Abhängigkeit nicht zu spüren, macht er den Anderen von sich abhängig.

Pragma: Der pragmatische Typ betrachtet die Beziehung als nützliche Lebensgrundlage mit ökonomischen, sozialen und familiären Vorteilen. Dieser Beziehungstyp lässt sich nicht auf unsichere emotionale Bindungen ein, sondern nur auf überprüfbare Fakten, und kann dadurch so leicht nicht enttäuscht oder vom Gefühl überschwemmt werden.

Storge: Der freundschaftliche Typ von Bindung basiert auf einer langen Vorprüfung. Die beiden Partner kennen sich seit vielen Jahren und haben die Verlässlichkeit des Anderen gut ausgelotet. Nicht Leidenschaft ist hier die Grundlage der Bezeihung, sondern Vertrauen und intime Kenntnis des Andern. Freundschaftliche Bindung kann kaum enttäuscht, sie kann höchstens langweilig werden.

Die Ängste vor Einlassung (Ludus), Verlust (Mania), Kränkung (Eros), Abhängigkeit (Agape), Irrationalität (Pragma) und Disloyalität (Storge), die in den sechs Bindungsformen zum Ausdruck kommen, lassen sich leicht mit den Bindungsmustern in Beziehung setzen, die als Bewältigung von Frustrationen im Kindesalter weiter oben beschrieben wurden (Tabelle 1, S. 58). Sie stellen so gesehen auch einfach Lösungen für die emotionalen Missgeschicke dar, die in den modernen Gesellschaften vorprogrammiert sind. Nur schreiben diese Lösungen bestimmte Entwicklungsdefizite fest und verhindern das Wachstum der Person.

Die sechs Liebesstile können auch als Versuch angesehen werden, eine kindliche Welt aufrechtzuerhalten. Ein gebranntes Kind scheut das Feuer und will es nicht ertragen, von der wichtigsten Bezugsperson enttäuscht zu werden, sie eventuell sogar zu verlieren oder von Gefühlen des Schmerzes getroffen zu werden. Ein erwachsener Mensch dagegen hält es normalerweise aus, das Risiko einer Bindung und der möglichen Enttäuschung durch Verlust einzugehen. Denn er hat genügend positive Erfahrungen gemacht, um die Hoffnung nicht zu verlieren. Doch regieren in emotionalen Beziehungen häufig die kindlichen Ängste.

Offensichtlich gibt es verschiedene Wege, die zu einem Gefühl der Sicherheit in der Beziehung führen können. Obwohl

Lee die sechs Liebesstile für gleichwertig hält, lässt sich vermuten, dass sie für verschiedene Lebensphasen unterschiedlich geeignet sind. So werden *Ludus* und *Eros* in der Jugend häufiger und *Agape, Storge* und *Pragma* im Alter häufiger vorkommen.

15 Vollständige Liebe

Eine Reihe weiterer Forscher hat versucht, die Bedürfnisse, die sich in der Liebe ausdrücken, zu kartografieren. Rubin stellte lapidar fest, dass (bei Studenten[23]) im Zusammenhang mit Freundschaften das Mögen (engl.: *liking*) und bei Liebesbeziehungen das Lieben (engl.: *loving*) die Hauptsache ist. Allerdings finden sich unter extremen Stressbedingungen Freundschaften in Form von Kameradschaft bei militärischen Einsätzen, die an Altruismus, Hingabe und Verbundenheit nicht nur mit Liebe vergleichbar sind, sondern sie an Intensität sogar übertreffen können.[24]

Es gibt weitere Untersuchungen dazu, was die Liebe für Menschen bedeutet.[25] Liebe hat etwas mit *Sehnsucht* zu tun: Die Erreichbarkeit des Geliebten macht heiter und glücklich, die Unerreichbarkeit oder der Verlust macht depressiv. Die Sehnsucht und der Schmerz der Liebe sind in Tausenden von Gedichten und Liedern besungen und in unzähligen Novellen, Romanen und Filmen beschrieben worden. In der Phase der Verliebtheit ist die *Sehnsucht* besonders ausgeprägt. Eine zweite Komponente ist die *Zärtlichkeit* des körperlichen Kontaktes in der Berührung und der Sexualität, in den Worten der Liebeserklärungen und der Verehrung. Eine dritte ist die *Sorge* um den Anderen, die sich in Verbindlichkeit, Fürsorge und Loyalität ausdrückt. Die vierte Komponente ist das *Vertrauen* in den geliebten Menschen, das es dem Einzelnen ermöglicht, sich zu öffnen und Seiten von sich zu zeigen, die man sonst verbirgt. Und schließlich bildet die *Toleranz* gegenüber den Schwächen des geliebten Menschen das Gegenstück zu dem Vertrauen, das sie in der anderen Person fördert. Die Toleranz ist besonders in der Liebe der Eltern zu ihren Kindern, aber auch in der Liebesbeziehung alter Menschen sichtbar, die mit den Gebrechen und der Hilfsbedürftigkeit des Partners gut zurechtkommen.

Die fünf genannten Komponenten treten in den verschiedenen Phasen der Liebesbeziehung in unterschiedlicher Zusammensetzung auf. In der Phase der Verliebtheit überwiegen Sehnsucht, Zärtlichkeit und Sorge. In der Phase der Familiengründung überwiegen Zärtlichkeit, Sorge und Vertrauen. Und in der Elternliebe und der Liebe alter Menschen treten Sorge, Vertrauen und Toleranz mehr in den Vordergrund. Es ist offensichtlich, wie die im vorangehenden Abschnitt beschriebenen Liebesstile des Soziologen Lee mit diesen Komponenten zusammenhängen. Man sieht leicht, dass *Eros* viel mit Sehnsucht, Zärtlichkeit und Sorge, *Ludus* viel mit Zärtlichkeit und wenig mit Sehnsucht, *Mania* viel mit Sehnsucht und wenig mit Vertrauen, *Pragma* und *Storge* mehr mit Vertrauen, Sorge und Toleranz zu tun haben.

Diese verschiedenen Aspekte der Liebe lassen sich zu drei universellen Elementen zusammenfassen, die zumindest in den westlichen Kulturen die Voraussetzung für eine erfüllte Liebe darstellen: Sehnsucht und Zärtlichkeit prägen das, was man unter *Leidenschaft* versteht. Toleranz, Vertrauen und Sorge machen zusammen das aus, was man *Verbindlichkeit* nennt. Die dritte universelle Größe ist die *Intimität*, die wir in der Gegenwart mit unserem westlich-romantischen Liebesbegriff als unerlässlich für lang dauernde Beziehungen betrachten. In kollektivistischen Kulturen und auch im Europa des Mittelalters ist dieses Element kaum zu finden. Intimität bedeutet die genaue Kenntnis und Erforschung des Andern sowohl in der Zärtlichkeit wie auch in der Sorge um ihn und resultiert in Vertrauen, Toleranz und in geringerem Ausmaß auch in der Verpflichtung dem Anderen gegenüber.

Leidenschaft, Intimität und Verbindlichkeit machen nach den Untersuchungen des amerikanischen Psychologen Robert Sternberg eine vollständige Liebesbeziehung aus. Viele Liebesbeziehungen sind unvollständig, weil sie jeweils nur eine oder zwei der Voraussetzungen erfüllen: Die romantische Liebe ist durch Intimität und Leidenschaft bestimmt. Sie ist auf das gemeinsame Erleben mit der geliebten Person fokussiert. Die freundschaftliche Liebe ist kaum durch Leidenschaft, sondern durch Intimität und Bindung gekennzeichnet. Die eher exotische Kombination von Leidenschaft und Verbindlichkeit nennt Sternberg närrische Liebe und meint damit die Fälle, wo sich die beiden Liebenden Hals über Kopf in eine Bindung stürzen, ohne sich zu kennen, und die Möglichkeiten der Enttäuschung gar nicht in Betracht ziehen.

Sternbergs Vorstellung, dass die wahre Liebe diese drei Komponenten enthalten muss, erscheint wie eine Norm, ein Wertmaßstab für eine gute Beziehung in unserer Kultur. Auch andere Liebesforscher wie die amerikanische Anthropologin Elaine Hatfield vermitteln bei ihrer Einteilung in *leidenschaftliche* und *partnerschaftliche* Liebe den Eindruck einer normativen Bewertung, bei der die mehr auf Sehnsucht und Phantasie basierende Leidenschaft weniger gut wegkommt als Partnerschaft, die mehr auf Intimität und Kenntnis der anderen Person beruht. Wenn allerdings die Macht der Liebe darin besteht, dass sie dazu befähigt, das Alltagsdenken hinter sich zu lassen, dann ist die Leidenschaft dafür unabdingbar.

Abbildung 2: Trianguläres Modell der vollständigen Liebe. Sternbergs drei Komponenten der vollständigen Liebe mit ihren Zweier-Kombinationen der unvollständigen Liebe (nach Sternberg, 1988).

16 Verfall der Liebe

Wenn Leidenschaft, Verbindlichkeit und Intimität die wesentlichen Voraussetzungen dafür sind, dass eine Liebesbeziehung gelingt, dann wäre es wichtig herauszufinden, wie man es schafft, diese glücklichen Umstände zu erhalten, und wodurch sie behindert werden – etwa durch welche biografischen Hypotheken oder sozialen Belastungen. Hypotheken sind beispielsweise die schon beschriebenen neurotischen Überlagerungen der Liebesbeziehung. Problematische soziale Randbedingungen ergeben sich etwa durch Karriereziele des Vaters oder der Mutter in einer an männlichen Werten ausgerichteten Gesellschaft, wenn ein oder beide Elternteile die Versorgerrolle um den Preis der Abwesenheit auszufüllen versuchen und dann eine schwache Bezugsperson abgeben, wie es in Kapitel 13 beschrieben wurde. Man kann es auch so formulieren: Eine Gesellschaftsform wie die westliche, die konkurrenz-orientiert auf der freien Marktwirtschaft fußt, legt bestimmte Rollen nahe, die leicht zu Defiziten in den Bindungsmustern zu den Kindern führen können, was wiederum zur gesellschaftlichen Hypothek wird. Hinzu kommen individuelle Schicksalsschläge, etwa durch Verlust, Gewalt oder Krankheit verursachte Traumata.

Unabhängig von den biografischen und sozialen Belastungen scheinen die drei Bestandteile einer erfüllenden und erfüllten Liebe einer automatischen Erosion ausgesetzt zu sein. Dieser Verfallsmechanismus hat bei den drei Prozessen eine unterschiedliche zeitliche Dynamik: Die *Verbindlichkeit* wird meist sprunghaft deklariert: Das Paar beschließt zu heiraten, eine Familie zu gründen, ein Haus zu bauen, und es legt sich auf ein Zusammenleben fest. Die Verbindlichkeit wird meist formal fixiert vor Zeugen, vor der Kirche, dem Standesbeamten oder der Bank und kann äußerlich lange aufrechterhalten werden, auch wenn sie schon ausgehöhlt ist. Die materielle Verstrickung oder die Verpflichtung gegenüber den Kindern würde eine Auflösung sehr kostspielig machen. Die Partner fühlen sich zwar im Herzen nicht mehr verbunden, bleiben aber aus pragmatischen Gründen eine Wohngemeinschaft.

Die *Intimität* wächst langsam. Ihr sind keine Grenzen gesetzt, da man den Anderen nie ganz kennen lernen wird – auch wenn man meint, doch schon so viel über ihn und seine Schwächen und Stärken zu wissen. Tatsächlich bleibt die Intimität oft auf einem Plateau und verflacht zur Indifferenz, wenn man aufhört, den Anderen erforschen zu wollen. Kennen lernen erfordert Neugier und die Bereitschaft umzudenken. Das kostet Mühe und manchmal auch Mut. Aber hierin liegt das größte Potential, die Beziehung wachsen zu lassen.

Und schließlich die *Leidenschaft*: Sie steigt fast immer zunächst stürmisch an und fällt bei ungenügender Pflege genauso schnell wieder ab. Die größte Energiequelle der Leidenschaft ist die Sexualität. Sie entfaltet ihre stärkste Intensität im Willen zur Eroberung. Dann lässt sie manchmal schnell nach. Durch gelegentliche Distanz lädt sich die sexuelle Begierde offenbar wieder auf – ein Vorteil von Wochenendbeziehungen, der allerdings oft auf Kosten der Intimität geht. In einer kontinuierlichen Beziehung kehrt die sexuelle Lust in biologisch bedingten Zyklen wieder, sie hat allerdings die Tendenz, sich »abzuschleifen«, und degeneriert dann sogar manchmal zur lästigen Pflichterfüllung.

Leidenschaft wird auch aus anderen Quellen genährt: aus den Gefühlen der Fürsorge, Hingabe, Bewunderung für den Anderen und seine Ziele, und aus gemeinsamen Visionen und Projekten. Die Sexualität hat die größte Chance, die Beziehung lebendig zu halten, wenn sie als Erotik erlebt wird, die einen Energieaustausch zwischen zwei Menschen auf vielen Ebenen darstellt, wovon die körperliche Begegnung nur eine ist.

Damit die drei Hauptachsen der Liebe erhalten bleiben, muss man die *Verbindlichkeit* ab und zu überprüfen und ihre Bedingungen revidieren – dazu gehört der meist unausgesprochene Beziehungsvertrag, den die Partner bewusst und auch unbewusst eingegangen sind. Davon wird noch ausführlich (in den Kapiteln 19–22) die Rede sein. Um die *Intimität* nicht in Indifferenz versinken zu lassen, darf die Erkundung des Anderen nie aufhören. Und um die *Leidenschaft* nicht im Alltag untergehen zu lassen, muss sich die Erotik differenziert entfalten können. Alle drei Bereiche setzen bewusste Entscheidungen für den Anderen und aktive Beteiligung voraus.

Nun klingt »müssen« im Zusammenhang mit Liebe nach unpassendem Zwang, ist doch die Liebesgöttin Aphrodite beziehungsweise Venus gekennzeichnet durch Leichtigkeit, Verführung, Amüsement und Unverbindlichkeit. Doch das ist Ludus oder allenfalls noch Eros. Aber es ist nicht die ganze Liebe, die, wie schon erwähnt, nicht nur Gefühl allein, sondern auch Handeln ist und bewusste Entscheidung. Wie das konkret aussieht, wird in den sieben Regeln weiter unten beschrieben.

Wir haben bis jetzt die biologischen, historischen, gesellschaftlichen und psychologischen Randbedingungen diskutiert, unter denen Liebesbeziehungen stattfinden. Es wird deutlich geworden sein, dass manche der beschriebenen Umstände ein gewisses Konfliktpotential mit sich bringen, an denen ein dauerhaftes Liebesglück scheitern kann. Das Anliegen dieses Buches ist es, auf die Fallen aufmerksam zu machen, die Natur und Kultur aufgestellt haben, und zu zeigen, wie man sie vermeiden kann. Denn selbst wenn wir die biologischen Unterschiede von Mann und Frau klug berücksichtigen und weitsichtig die historischen und gesellschaftlichen Gegebenheiten reflektieren, die unseren Alltag bestimmen, selbst wenn wir nachsichtig mit den biografischen Blessuren umgehen – es fehlt immer noch etwas Wesentliches, das den Sinn einer dauerhaften Liebesbeziehung ausmacht. Gemeint ist das persönliche Wachstum, das eine Liebesbeziehung beiden Partnern ermöglicht und – so die These des Buches – uns zum eigentlichen Glück in der Liebesbeziehung hinführt. Voraussetzung dafür ist allerdings, dass sich beide auf die Entwicklung einlassen. Daher wollen wir im nächsten Abschnitt klären, was unter Entwicklung zu verstehen ist.

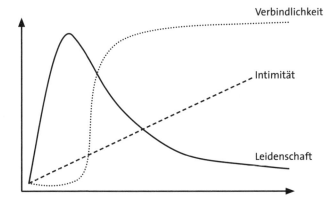

Abbildung 3: Die zeitliche Dynamik der drei Liebeskomponenten als Verlaufskurven dargestellt

Teil II
Praxis der Liebe

Liebe und Entwicklung

Stille Verträge

7 Regeln für eine glückliche Beziehung

Liebe und Entwicklung

17 Entwicklung des Bewusstseins

Entwicklung ist etwas biologisch Universelles und geht mit einer Veränderung der Lebensqualität einher. Ein Teil der persönlichen Entwicklung betrifft die Heilung von Wunden der Vergangenheit. Dazu bietet die Paarbeziehung eine Gelegenheit (siehe unten). Ein anderer Teil der Entwicklung betrifft die angelegten Potentiale. Entwicklungspsychologen[26] haben dieses Phänomen in unterschiedlichen Lebensbereichen wie Intellekt, Emotion, Moral und so weiter erforscht und sind erstaunlicherweise überall zu einem ähnlichen Bild gekommen, das sich als Stufenleiter darstellen lässt. Die unzähligen Einzelbefunde wurden von dem Bewusstseinsforscher Ken Wilber zu einer generellen Theorie der Entwicklung des Bewusstseins zusammengefügt.

Mit wenigen Worten gesagt, sieht es so aus, dass das Ich und die eigenen Empfindungen auf einer niedrigen Stufe gar nicht bewusst sind; der Organismus organisiert sich instinktiv entsprechend seinen Bedürfnissen und passt sich, wo nötig, an die Umwelt an. Als Kleinkind wird das Individuum sich zuerst seines Körpers als getrennt von der Umgebung, speziell von der Mutter, bewusst; der Mensch beginnt sich selbst als Person wahrzunehmen und sein Tun zu reflektieren. Dabei bezieht er auch die Umwelt ein: zunächst grenzt er sich von ihr ab, um eine eigene Identität zu entwickeln und sein Ich zu stabilisieren. Später beginnt er, Mitgefühl für andere zu entwickeln und nicht mehr nur allein sich selbst im Vordergrund zu sehen. In einer nächsten Stufe fängt er an, über sein Denken nachzudenken, um vielleicht schließlich dahin zu kommen, sich mehr und mehr als ein Teil des Ganzen zu empfinden.

Diese Stufen können vom Individuum durchlaufen werden. Die gleichen Stufen hat die Menschheit in der Evolution ihrer Bewusstseinslage durchlaufen, bzw. wird sie noch durchlaufen, wie dies schon der Anthropologe Jean Gebser und der Psychoanalytiker Erich Neumann, ein Schüler von C.G. Jung, es postuliert haben. Allerdings können Individuen auf jeder Stufe stehen bleiben.

Im Hinblick auf die moralische Reife nennt man die einfachen Organisationsformen (von Stufe 1 bis 3) *präkonventionell*: Das Denken ist unbewusst, das Verhalten egozentrisch und noch nicht an der Gemeinschaft im Sinne von Konventionen ausgerichtet. Das mittlere Entwicklungsstadium (Stufen 4 und 5) wird *konventionell* genannt, da das Individuum in dieser Bewusstseinslage seine Interessen denen der Gemeinschaft und deren Konventionen unterordnet. Und die nächsten Entwicklungsstufen (6 bis 10) heißen *postkonventionell*, denn das Individuum richtet sein Verhalten und Denken nach allgemeinen Prinzipien, die ein höheres Ziel verfolgen als die Bedürfnisse des Individuums oder der Gemeinschaft, ohne diesen allerdings zu widersprechen.

Die Stadien können auch nach ihrer intellektuellen Entwicklung benannt werden. Die ersten vier sind prärational: Das Denken wird von Instinkten, Magie und Mythen bestimmt. Die fünfte Stufe des Bewusstseins ist von der Vernunft bestimmt. Alles, was logisch, wissenschaftlich und technisch machbar erscheint, wird zu erreichen versucht. Die letzten fünf Stufen nennt man transrational, weil sich Denken nicht mehr allein von der Logik leiten lässt, sondern über die verstandesmäßige Machbarkeit hinausgeht und Werte – durchaus auch unterschiedliche – gelten lässt.

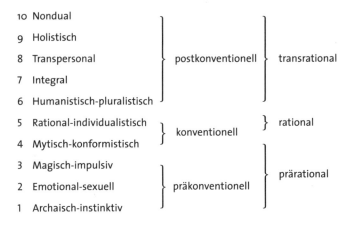

Tabelle 2: Entwicklungsstufen des Individuums mit ihrer moralischen und intellektuellen Charakterisierung (nach K. Wilber).

In der Evolution der menschlichen Gesellschaften entspricht die jetzige Bewusstseins-Verfassung dem Übergang von Stufe 5 nach 6. Unser Denken ist demnach rational, und unsere Moral ist weitgehend konventionell, tendiert aber an machen Stellen zu einer Überwindung des mit Konventionen verbundenen Dogmatismus: Wir beginnen, humanistische Ziele der instrumentellen Vernunft überzuordnen, und können ansatzweise auch unterschiedliche Kulturen und Ethiken nebeneinander gelten lassen.

Die altsteinzeitlichen Jäger- und Sammler-Kulturen unserer nomadischen Vorfahren, die sich bis 200 000 Jahre zurückverfolgen lassen, entsprechen der magischen Orientierung der Stufe 3. Das war die Zeit der Tabus und Totems und der magischen Rituale zur Beschwörung der Geister der Natur. Die jungsteinzeitlichen Ackerbaukulturen und die Gesellschaften, von denen in den vorangehenden Kapiteln die Rede war, lassen sich bis 10 000 Jahre zurückverfolgen. Diese Epoche entspricht der mythisch orientierten Stufe 4, die noch bis zum europäischen Mittelalter angedauert hat. Die geistige Welt dieser Epochen ist von Sagen und Mythen geprägt, die die Menschen mit den Göttern verbinden. Das Denken ist noch nicht von der Vernunft beherrscht und trägt stark kollektivistische Züge. Renaissance und Aufklärung brachten den Sieg der wissenschaftlichen Vernunft, die industrielle Revolution und die freie Marktwirtschaft mit sich; diese letzten 200 bis 300 Jahre unserer Geschichte sind auf der Stufe 5 des rationalen Individualismus anzusiedeln. Die gegenwärtigen Globalisierungstendenzen, sofern sie nicht einen verdeckten Rückfall in den Kolonialismus darstellen, kann man teilweise als Übergang zu Stufe 6 des humanistischen Pluralismus betrachten. Bis dahin ist die Menschheit im Durchschnitt gelangt.

Die immer noch und wieder in manchen Gesellschaften unübersehbaren imperialistischen Tendenzen deuten einerseits auf reinen Machtopportunismus (Stufe 3) hin, wie etwa die militante Maxime Hitlers »Lebensraum für das deutsche Volk« oder das Kuba-Embargo der USA sowie in der jüngeren Geschichte die Kriege im Nahen Osten; sie werden aber teilweise auch als Glaubenskriege für die Demokratie oder den Islam zur Rettung der Welt dargestellt: als eine mythisch-konformistische und dogmatische Reform-Anstrengung (Stufe 4).

Moralisch sind sie allerdings durchaus vergleichbar mit der Eroberung und Missionierung der Kolonien in der frühen Neuzeit.

In der persönlichen Entwicklung erreichen viele Menschen in den westlichen Gesellschaften gemäß der dort vorherrschenden Ausrichtung die rational-individualistische Stufe (5). Zugleich gibt es eine große Schwankungsbreite, und es hat immer auch erleuchtete Menschen auf höheren Stufen (7–10) in allen Kulturen gegeben, denen das Ganze, die Idee oder Gott wichtiger waren als ihr Ego – etwa Buddha, Sokrates, Jesus, die allesamt in mythischen Kulturen der Stufe 4 gelebt haben. Was die postkonventionelle Moral von der dogmatischen Moral der Glaubenskriege und dem Individualismus unterscheidet, ist die Tatsache, dass der Egoismus eine geringere Rolle spielt und dass in der postkonventionellen Moral durch Mitgefühl und Liebe verhindert wird, dass andere bewusst geschädigt werden.

Auch in der Art, wie Beziehungen gelebt werden, kann man diese Entwicklungsstufen wiedererkennen. Die Bedürftigkeit, die in der Liebe erlebt werden kann: der Zustand, dass man sich, ähnlich wie ein Säugling, ohne den Anderen nicht lebensfähig fühlt, entspricht der Stufe 1. Die sinnlich-triebhaft gesteuerte Erfahrung der Sexualität, die hauptsächlich auf die eigenen Bedürfnisse zielt, entspricht dem Opportunismus der Stufe 2. Den magischen Zauber der Anziehung (Stufe 3) erleben wir in der Verliebtheit. Und die an den gesellschaftlichen Regeln orientierten Bindungsformen der Ehe haben die konformistischen Züge der Stufe 4. Die romantische Liebe zeichnet sich dadurch aus, dass sie sich über Konventionen hinwegzusetzen vermag; das entspricht dem individualistischen Anspruch der Stufe 5, trägt aber oft auch – wenn die Liebe als schicksalhaft empfunden wird – magische Züge der Stufe 3.

Manche Paare begnügen sich mit einer pragmatischen Lebensgemeinschaft, in der ökonomische Sicherheit, geregelte Sexualität und emotionale Geborgenheit gewährleistet sind. Sie leben die Beziehung in individualistisch-rationaler Weise (Stufe 5) und geben sie auf, wenn die individuellen Bedürfnisse nicht mehr erfüllt sind. Andere Paare halten dagegen an einer Familie fest, auch wenn die Beziehung unglücklich ist, weil sie den Mythos hochhalten: *Was Gott zusammengefügt hat, das soll der Mensch nicht trennen* (Stufe 4). Manche Menschen nutzen Beziehungen opportunistisch aus, weil ihnen keiner widerspricht oder weil sie die Macht zur Ausbeutung haben (Stufe 3). Das trifft zu, wenn der eine Partner sozial oder ökonomisch vom Anderen abhängig ist und wenn sich der überlegene Partner etwas leistet, was er dem Schwächeren nicht zugesteht – wie etwa der Mann im Fall 3 seiner Frau einen Knebelvertrag auferlegt oder im Fall 2 der Mann mit der ängstlichen Frau sich eine Außenbeziehung leistet, die er ihr nicht zugestehen würde, aber auch vor der Gesellschaft nicht vertreten könnte (Stufe 4).

Im Allgemeinen verlässt man die opportunistische Entwicklungsphase als Kind und wächst in ein konformistisches Selbstverständnis hinein. Dann werden die Zustimmung der Umwelt und ihre Normen wichtiger als die Verfolgung egoistischer Ziele. Die Interessen der Familie haben in diesem Selbstverständnis auch Vorrang vor der Liebesbeziehung – im Extremfall in Form der arrangierten Ehe. Die Liebesheirat dagegen richtet sich oft nicht nach den familiären Normen der Konvention (Stufe 4) – so wie bei Romeo und Julia, geschrieben in der Renaissance, einer Zeit, als der Individualismus begonnen hat; doch ist das Prinzip der Liebe, die sich über die Konvention hinwegsetzt, zumindest in Shakespeares Drama noch nicht lebbar. Die Forderung, die Ehe auf eine Liebesheirat zu gründen, ist für die westlichen Kulturen heutzutage zwar selbstverständlich, doch gilt das erst seit 200 Jahren, als sich im allgemeinen Bewusstsein die Aufklärung durchsetzte und in der Romantik die Wertschätzung der Natur über die Konvention gestellt wurde.

In der Liebe ist es möglich, alle Stufen der Entwicklung zu erleben, angefangen bei der bedürftigen Sehnsucht nach dem Andern oder der impulsiven Sinnlichkeit der Sexualität. Die Liebe ist aber auch in der Lage, Menschen dazu zu bringen, die vitalen Bedürfnisse (Stufe 1 und 2) zu vernachlässigen, auf den eigenen Vorteil (Stufe 3) zu verzichten, sich gegen Normen (Stufe 4) zu stellen, die Vernunft ebenso wie den Egoismus des individuellen Glücks (Stufe 5) hinter sich zu lassen und damit alles zu überwinden, was unsere kleinherzige Welt normalerweise beherrscht. Warum sollte Liebe uns also nicht zu dem befähigen, was wir uns eigentlich vom Leben erhoffen: frei zu werden von allem, was uns beschränkt und begrenzt. Mit ihrer Hilfe können wir unser Bewusstsein erweitern, und deshalb macht sie uns glücklich. Es ist tatsächlich so: Liebe weckt das Göttliche in uns. Die Frage ist, wie wir davon etwas in den Alltag hinüber retten können.

Die Liebe wird erst möglich, wenn die neurotischen Schleier, die sie verdecken, beseitigt sind. Dazu bietet die Liebesbeziehung selbst die beste Gelegenheit. Denn der Partner, in den wir uns verlieben, führt uns zu unseren eigenen biografischen Altlasten zurück. Wir müssen sie nur aufgreifen – dann können wir uns innerhalb der Liebesbeziehung selbst weiterentwickeln und zugleich in der Liebe glücklicher werden.

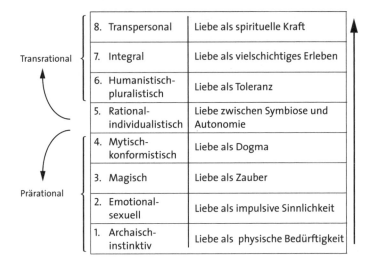

Abbildung 4: Liebe in der Entwicklung des Bewusstseins (nach Ken Wilber) mit vier prärationalen und drei transrationalen Stufen.

18 Entwicklung der Beziehung

Viele Menschen meinen, wenn es noch so wäre wie früher, dann wäre alles besser. Das mythische Goldene Zeitalter spielt auch in Liebesbeziehungen eine gewichtige Rolle. So wird die erste Phase der Verliebtheit von Paaren oft als ihre beste Zeit empfunden. In einer Anekdote kommt ein Paar zur Therapie, und der Mann sagt: *Wir streiten uns seit 26 Jahren, aber die ersten sechs Wochen möchte ich nicht missen.* Es bleibt der Blick mit Bedauern auf die Vergangenheit gerichtet, und die immanente Tendenz der Beziehung, sich zu entwickeln, wird übersehen. Zu wünschen: Möge doch alles noch so sein wie am Anfang, ist so, als würden Erwachsene sagen: Wenn ich wieder ein Kind sein könnte, dann wäre die Welt in Ordnung. Subjektiv mag das eine angenehme Vorstellung sein, aber genau genommen müsste ich viel mehr aufgeben, als mir lieb ist. Denn dann hätte ich kaum Einfluss auf wichtige Schritte in meinem Leben, keine Entscheidungsfreiheit und wenig Durchblick. Außerdem wäre die ganze Entwicklung bis zum gegenwärtigen Zeitpunkt sowie die damit verbundene Mühe umsonst gewesen.

Jeder Einzelne entwickelt sich – wie sollte die Beziehung dabei unverändert bleiben? Die Beziehung entwickelt sich sogar in doppelter Hinsicht. Zum einen machen die Etappen des Familienlebens immer wieder Abstimmungen nötig: Heirat, Geburt des ersten Kindes, Kinder im Schulalter, »leeres Nest«, Menopause, Pensionierung ... Dazu kommt der davon unabhängige Prozess der individuellen Reifung und Interessenverlagerung, der in der Beziehung Veränderungen nötig macht. Jeder der beiden Partner durchläuft für sich eine Entwicklung, jeder der beiden Partner setzt sich mit immer neuen Themen auseinander – nicht nur in der Kindheit, sondern auch im Erwachsenenalter. Erik Erikson hat dies in Erweiterung eines Freudschen Gedankens als eine emotionale Entwicklung beschrieben, die das ganze Leben prägt. Die Inhalte, mit denen sich jeder Einzelne auseinandersetzt, wandeln sich von der Frage der Nähe und Autonomie im frühen Erwachsenenalter über Reproduktion und Produktivität im mittleren Lebensalter bis hin zu Themen wie Weisheit, Spiritualität und Tod im höheren Alter. Jedes dieser Themen stellt eine Herausforderung dar und macht eine Anpassung nötig, die auch Veränderungen in der Beziehung mit sich bringt.

Unabhängig von Familienphasen und dem individuellen Lebenszyklus hat die Liebesbeziehung schließlich eine eigene Entwicklungsdynamik, die die Lebenskurve der beiden Individuen überlagert. Beziehungen durchlaufen wiederholt drei Phasen, die die amerikanischen Paartherapeuten Ellyn Bader und Peter Pearson mit der Entwicklung der Mutter-Kind-Beziehung verglichen haben, wie sie von der Kinderpsychologin Margret Mahler beschrieben wurde. In der Phase der symbiotischen Verschmelzung während der Verliebtheit, die normalerweise vielleicht zwei Jahre dauert, sind beide Partner geneigt zu sagen: *Ich bin Du* und *Du bist ich,* und beide geben einen Teil ihrer Identität und Autonomie auf. Ähnliches empfindet vermutlich auch der Säugling für die Mutter, der allerdings noch gar nichts anderes kennt. Danach setzt die Gegenbewegung der Wiedergewinnung der eigenen Grenzen ein. Das entspricht der ersten Trotzphase des Kleinkindes, das mit zunehmender motorischer Beweglichkeit zum ersten Mal sein Autonomiebedürfnis spürt.

In der Liebesbeziehung muss diese Phase der Differenzierung nicht für beide Partner synchron verlaufen und kann auch generell verzögert sein. Bei dem Paar von Fall 1 (Schwere Beine) war die Differenzierung nach 20 Jahren noch nicht eingetreten: Die Eheleute blieben weiterhin in einer harmonischen Verstrickung und gestanden sich keine Bedürfnisse zu, denen der Andere nicht hundertprozentig zustimmen konnte.

Wenn die Differenzierung gelingt, ergibt sich eine neue Qualität der Beziehung, so wie die Kleinkinder nach einer ersten Trotzphase wieder mehr Nähe zur Mutter zulassen. Die Liebespartner gestehen dann sich selbst und dem Anderen Lebensbereiche zu, die sie nicht miteinander teilen, und bauen gleichzeitig andere Bereiche aus, die sie gemeinsam erleben. Wenn diese Konsolidierung erfolgreich verläuft, können sich beide wieder einander annähern, ohne sich aufzugeben. So können sie eine neue Balance zwischen Gemeinsamkeit und Eigenständigkeit finden. Das Pendel zwischen Autonomie und Symbiose schwingt danach weiter hin und her. Idealerweise sollte die Bewegung einer Spirale gleichen, in der das Bedürfnis nach Nähe oder Distanz zwar immer wieder auftaucht, aber jeweils mit einer anderen Thematik: Wie oben erwähnt, beschäftigt auch das Paar am Anfang die Nähe meist gemeinsam; das Thema Autonomie verfolgt jeder getrennt. Kinder sind ebenfalls ein gemeinsames, Produktivität und Erfolg dagegen eher ein getrenntes Thema; und so weiter. Den Rückzug aus dem Arbeitsleben können die Partner teilen, das Alter, der Tod will vielleicht jeder für sich ausloten. Sie können so immer wieder zusammenkommen – jeweils in einer neuen Qualität. Das Bedürfnis nach Nähe und Distanz oszilliert also, doch das ist kein Grund zur Beunruhigung – eher ein Zeichen, dass alles seinen natürlichen Gang geht.

Manche Menschen verzögern ihre Entwicklung, weil sie mit dem gerade bestehenden Zustand zufrieden sind. Sie haben z. B. ein angenehmes Plateau in ihrer Karriere, ihrem körperlichen Wohlergehen oder ihrer psychischen Ausgeglichenheit erreicht. Manche Menschen ziehen, was die Beziehung angeht, eine konventionelle Form vor, wo alles durch äußere Vorgaben geregelt ist. Manche bleiben gar auf der prä-konventionellen Entwicklungsstufe des Opportunismus stehen. Bedenkenlos drängen sie dem Partner ihre Vorstellungen auf. Sie haben die soziale, finanzielle oder körperliche Macht dazu und sehen keinen Anlass dazu, das nicht auszunutzen. Man kann niemanden zwingen, sich zu entwickeln. Ich habe viele Paare erlebt, die in die Paartherapie kamen, weil einer der beiden Partner seine Wünsche gegen den Willen des Anderen durchsetzen wollte. So hatte sich eine Frau mit vier Kindern im Alter von 43 Jahren von ihrem Partner getrennt und war in zweiter Ehe mit einem Sizilianer verheiratet, der unbedingt ein eigenes Kind mit ihr haben wollte. Die Frau hatte genug vom Kinderkriegen, mochte dem Kinderwunsch ihres Mannes aber nicht offen widersprechen. Da die Schwangerschaft auf natürlichem Wege nicht zustande kam, wurden Versuche mit künstlicher Befruchtung unternommen. Aber nach wie vor reagierte der Körper der Frau gegen den Willen des Mannes, der Fötus wurde mehrfach wieder abgestoßen.

Die Forderung, der Andere möge sich meinen Wünschen anpassen, geht oft mit einer eher pragmatischen Einstellung zur Liebe einher. So verlangt etwa der Mann, dass die Frau wieder zum regelmäßigen Geschlechtsverkehr zu Verfügung steht – denn das sei doch normal. Oder die Frau möchte dem Mann die Untreue verbieten – denn Untreue sei doch nicht normal. Dabei wird oft nicht gesehen, dass hinter der Verweigerung oder der Untreue ein Entwicklungswunsch steht, der nicht berücksichtig wurde. Es kommt auch vor, dass Paare gemeinsam die Differenzierung verzögern und gern ihre Beziehung auf einem anfänglichen Zustand der Verliebtheit oder einer anderen Phase des heilen Familienlebens einfrieren würden. Doch der Versuch, das Glück in einer bestimmten Form festzuschreiben, höhlt es aus.

Es kann im Zyklus der Beziehung zu einer Reihe von Krisen kommen, die die Entwicklung behindern oder sie scheitern lassen. Die symbiotischen Phasen können in einer harmonischen Verstrickung hängen bleiben, wie in dem gerade erwähnten Fall 1 (Schwere Beine). Dann ist die Abgrenzung und der Ausdruck von Aggression erschwert, Konflikte können nicht ausgetragen werden, sie schwelen vielmehr im Untergrund und vergiften die Beziehung.

Die symbiotische Phase kann aber auch in einer aggressiven Verstrickung verharren, bei der die Partner einander ständig aversiv zu kontrollieren und vergeblich zu reformieren versuchen. Der amerikanische Familientherapeut Gerald Patterson prägte dafür den Begriff des »Zwangsprozesses«. Jeder möchte den Anderen verändern, ist zunehmend enttäuscht über dessen Unwilligkeit und versucht, ihn mit Streit, Jammern, Drohen zur

Umkehr zu bewegen. Keiner lässt davon ab, den Anderen zu malträtieren, weil beide schon so viel investiert haben, und so streiten sie sich bis ans Ende ihres Lebens und werden immer verbitterter. Der weiter oben geschilderte Fall des Gerechten (Fall 4) weist solche Strukturen auf: Trotz der negativen Bilanz können beide nicht von einander lassen. Ihre Beziehung hat für die beiden Partner den Charakter eines Bankkontos, in das jeder schon zu viel eingezahlt hat, als dass er auf die Hoffnung verzichten könnte, die Investition wieder herauszubekommen. Statt den Bankrott anzumelden und einen Offenbarungseid zu leisten, fahren die Partner lieber fort, sich gegenseitig zu zermürben.

In Differenzierungsphasen kommt es zur Krise, wenn beide oder einer vom Anderen sich so weit entfernen, dass eine Trennung unvermeidlich erscheint. Eine Frau begann im Alter von 35, nachdem ihre Kinder mit sieben und acht Jahren »aus dem Gröbsten heraus« waren, eine Schreinerlehre zu machen, sich politisch zu engagieren und an Selbsterfahrungs-Gruppen teilzunehmen. Sie fand andere Männer plötzlich interessanter als den eigenen und hätte sich beinahe getrennt, bis sie den Mechanismus der Distanzierung zum Zwecke der Wiedergewinnung der Autonomie verstand. Mit einem veränderten Selbstverständnis konnten beide die Beziehung wieder aufnehmen und auf Veränderungen in ihrem gemeinsamen Leben hinwirken. Die Familie wanderte aus.

In den konsolidierten Phasen, nachdem eine Differenzierung überwunden wurde, ist nicht etwa ein für alle Mal ein paradiesischer Zustand erreicht. Auch hier kann die Beziehung stagnieren, wenn die Partner aufhören, neue Bereiche von Intimität und gemeinsamer Aktivität zu erschließen und etwas dafür tun, um die Sexualität lebendig zu erhalten.

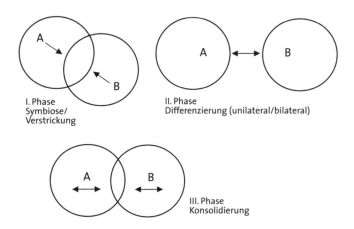

Abbildung 5: Entwicklung der Beziehung nach Bader und Pearson in Anlehnung an die Entwicklung der Mutter-Kind-Beziehung von Mahler.

Wir haben jetzt die Liebesbeziehung von vielen Seiten beleuchtet. Es wurde versucht, die ökologische Nische zu beschreiben, in der sich die Beziehung entfaltet. Diese Nische hat biologische, historische, gesellschaftliche und biografische Aspekte, die uns im alltäglichen Leben nicht immer bewusst sind, aber Verstörungen in die Liebesbeziehung hinein bringen.

Weiter haben wir die angeborene Tendenz zur Weiterentwicklung untersucht. Die geistige, emotionale und moralische Entwicklung des Einzelnen spiegelt dabei die Entwicklung des menschlichen Bewusstseins überhaupt wieder, und diese Betrachtung erlaubt einen Ausblick auf die Potentiale des Einzelnen und der Beziehung. Die Entwicklung der Liebesbeziehung hat darüber hinaus einen eigenen, allgemeinen Zyklus von Symbiose, Differenzierung und Wiederannäherung, der durch Phasen der Familienentwicklung und die Reifung sowie das Altern der beiden Partner überlagert ist.

Der letzte Baustein zum Verständnis von Glück und Unglück in der Liebe ist die Verschränkung der Biografien der Partner, die einerseits die Attraktion, anderseits die vorprogrammierten Enttäuschungen, und schließlich die Möglichkeit zur Überwindung der Krise beinhaltet. Die Passung der Partner verspricht – oberflächlich gesehen –, im Leben Verpasstes ohne eigenes Bemühen nachzuholen oder schlechte Erfahrungen zu revidieren. Diese Hoffnung endet jedoch oft in einem Dauerkonflikt. In einem tieferen Sinn ist die Passung eine Gelegenheit, Versäumtes zu reflektieren, und die Liebe macht es möglich, dass die Partner ihr gemeinsames Thema wieder aufnehmen und daran wachsen. Davon soll im nächsten Abschnitt die Rede sein, bevor im praktischen Teil beschrieben wird, wie man das Glück in der Liebe erhält.

Stille Verträge

19 Die Illusion des Nachholens

Man sagt, Liebe könne Wunden heilen. Eine allerdings nur scheinbare Heilung kann in dem Versuch einer Neuauflage früherer Beziehungen bestehen. Unbefriedigt gebliebene Bedürfnisse vergangener Lebensphasen nach Versorgung, Geborgenheit, Kontrolle, Freiheit und Beachtung sollen in der Liebesbeziehung gestillt werden. Und der Partner scheint das tatsächlich oft leisten zu können. Es gibt mehrere Varianten dieser Neuauflagen; in der Hauptsache: Nachholen, Mehr-vom-Gleichen, und Korrekturversuche. Der Versuch der Neuauflage kann einseitig oder beidseitig sein.

Nachholen: Man wählt nicht selten unbewusst den Partner so, dass man hofft, dadurch emotionale Löcher zu stopfen, die das bisherige Leben und speziell die Kindheit hinterlassen haben, wie etwa die fehlende Geborgenheit beim Mann in Fall 1 (Schwere Beine). Etwas, das immer gefehlt hat, soll nachgeholt, ein schmerzliches Defizit endlich behoben werden. Ein Partner, den wir für eine langfristige Bindung gewählt haben, kann tatsächlich für eine begrenzte Zeit diese ausgleichende Funktion haben – er scheint uns zu geben, was wir immer vermisst haben und wofür wir selbst nicht die Energie aufbringen, uns selbst damit zu versorgen. Aber das hat seinen

Preis: den Verschleiß der Beziehung und die Verhinderung der Entwicklung.

Mehr vom Gleichen: Andererseits haben wir während der früheren Phasen unseres Lebens Bewältigungsstrategien für Frustrationen erworben, und unsere Partner haben nicht selten Züge der Bezugspersonen, von denen diese Frustrationen ausgingen. Der Partner gibt uns dann Gelegenheit, das bestätigt zu finden, was wir von Beziehungen erwarten, und wir können gewohnte Bewältigungsmuster einsetzen – das vermittelt ein Gefühl von Sicherheit und reduziert Angst. Aber es schränkt auch die Erlebnisfähigkeit ein und reduziert die Intimität, wie in folgendem Beispiel deutlich wird:

Fall 5:
Aschenputtel – Prinz: Beide sind als Architekten berufstätig und haben eine Menge gemeinsamer Interessen und Werte; nicht nur den Beruf teilen sie, auch Reisen, Kunst, sportliche Aktivitäten verbinden die beiden, und sie freuen sich zusammen an ihrer Familie mit zwei Kindern. Sie musste als Älteste von vier Geschwistern früh Pflichten im Haus übernehmen und erhielt von der fordernden (und wohl auch überforderten) Mutter hauptsächlich Anerkennung für ihr Pflichtbewusstsein. Er dagegen war der Liebling seiner Mutter und ist es immer noch; auch mit 40 besucht er sie wöchentlich und telefoniert täglich mit ihr. Er hat gelernt, Wärme zu spenden und kann es sich und anderen gut gehen lassen. Er konnte sich immer sicher sein, dass die Mutter für ihn da ist und ihm vieles abnimmt; er musste in dieser Hinsicht nie ganz erwachsen werden.
Insofern passen beide gut zusammen. Da sie immer die Verantwortung für die Dinge zu übernehmen bereit ist, die in der Familie anfallen – vom Kochen bis zur Hilfe bei den Hausaufgaben der Kinder –, kann er sich raushalten, was ihm sehr entgegenkommt.

Er kann einfach fortfahren zu tun, was er gewohnt ist: gute Laune verbreiten, die allerdings mit einer gewissen Verachtung verbunden ist, dass sie sich so abrackert. Außerdem ist er häufig frustriert darüber, dass sie seine Ratschläge, es sich gut gehen zu lassen, nicht annimmt.

Er vermag ihr die emotionale Wärme zu geben, die sie als Kind nur wenig erlebt hat. Sie kann also etwas nachholen. Allerdings bemerkt sie auch die Kehrseite der Medaille, dass er nämlich keine Verantwortung im Haushalt übernimmt – und wenn er es tut, macht er es nicht wirklich ordentlich. Sie fährt daher fort, sich verantwortlich zu fühlen. Doch ist das für sie mit der Frustration verbunden, dass alles an ihr hängenbleibt, und mit leiser Verachtung für seine Unachtsamkeit.

Man könnte denken, so etwas sei ein einigermaßen gutes Arrangement. Aber das ist es nicht, wie an dem Dauerkonflikt klar wird: »*Was rackerst Du (Frau) Dich so ab?*« und »*Warum kannst Du (Mann) nicht ein bisschen umsichtiger sein?*«.

Noch drastischer wird der Trugschluss des Nachholens am Beispiel der Frau mit der Angst, aus dem Haus zu gehen (Fall 2, Fischgräte): Sie erlebte ihren Mann ähnlich fürsorglich, aber auch ähnlich kontrollierend, wie sie ihre Mutter erlebt hatte. Sie durfte und sollte zu Hause bleiben und nicht selbstständig werden und war dadurch das geeignete Opfer, um betrogen zu werden.

Korrekturversuch: Ein geliebter Partner kann sogar die Funktion haben, schmerzliche Beziehungen aus der Vergangenheit mit ihm selbst noch einmal neu aufzulegen, in der teils unbewussten Hoffnung, dieses Mal eine Erfahrung korrigieren zu können und besser wegzukommen als früher. Deshalb haben Partner manchmal Züge der Eltern oder anderer einflussreicher Personen der Kindheit, von denen die Frustrationen ursprünglich ausgingen. Die Revision scheitert allerdings oft daran, dass der Andere nichts von dem unbewussten Wunsch weiß, die schmerzliche Erfahrung zu korrigieren. Er sieht sich selbst in gewohnten Erfahrungen bestätigt und verfestigt seine Abwehrhaltung, wie die beiden folgenden Beispiele zeigen.

Im Fall 3 (Knebelvertrag) war die Frau in der Kindheit durch den Bruder missbraucht worden und durch seine Drohung an der Wahrnehmung ihrer Rechte – den Eltern den Missbrauchs mitzuteilen – gehindert worden. Sie heiratete später einen Mann, der sie durch einen Knebelvertrag ebenfalls um ihre Rechte – jetzt Unterhaltsrecht und Sorgerecht – gebracht hatte, nur weil er selbst nicht noch einmal das Opfer sein und den Zugang zu seinen Kindern verlieren wollte. Sie haben ein gemeinsames Thema: Beide kennen die Ohnmacht, ausgeliefert zu sein. Er wehrt seine Ohnmacht in der Hoffnung auf Kontrolle durch vertragliche Absicherung ab, und sie wehrt ihre Ohnmacht mit Hilflosigkeit ab, in der Hoffnung, dass der Mann sie schont und Vertrauen zu ihr entwickelt.

Manchmal sieht es so aus, als hätten beide den geheimen Wunsch, vom Anderen gerettet zu werden, wie im folgenden Fall 6:

Fall 6
Heiratsflüchter: Es handelt sich um ein Paar, bei dem die Frau aus einer Familie stammt, in der ständig gestritten wurde und die Trennung der Eltern im Raum stand, weshalb sie einen siebten Sinn dafür entwickelte, wenn wieder einmal etwas nicht in Ordnung war; dieser siebte Sinn hatte das Gefühl der Unsicherheit reduziert. Außerdem ließ der Vater sie als Kind links liegen und schenkte ihr nicht die Aufmerksamkeit, die sie sich von ihm ersehnte. Sie fand einen Mann, der zu Hause von seinem autoritären Vater immer vorgeführt worden war, indem er beispiels-

weise vor der Familie wegen schlechter Schulnoten bloßgestellt wurde. Er entwickelte ein großes Geschick, nach außen alles gut aussehen zu lassen und sich einer genaueren Kontrolle zu entziehen. Geheimnisse waren seine Sicherheitsgarantie. Die Frau mit dem siebten Sinn und das Schlitzohr verliebten sich ineinander. Als das Thema Heirat virulent wurde, wich er immer wieder aus, während sie ihn verfolgte und festzunageln versuchte, was seine Fluchttendenz verstärkte.

Die gegenseitige Attraktion war unübersehbar, und es hätte sich eine ideale Gelegenheit geboten, in der Beziehung die alten Muster zu überdenken und zu ändern. Doch es geschah das Gegenteil. Einer allein wird mit dieser Aufgabe auch nicht fertig. Würde der Mann seine Verschleierungsstrategie ablegen, dann hätte sie genügend Stoff, um ihre Verdächtigungen bestätigt zu finden. Würde die Frau ihre Verdächtigungen aufgeben, dann wäre das für ihn kein Anlass, sein Versteckspiel aufzugeben, weil es niemand beanstanden würde. Ihre Überlebensstrategie ist ihr Spürsinn; diese Strategie fördert seine Überlebensstrategie, sich zu verstecken, was wiederum Nahrung für ihren Argwohn ist.

Das ist, würde man sagen, überhaupt kein gutes Arrangement – im Gegensatz zu Fall 1 (Schwere Beine), wo es zumindest den Anschein haben konnte. Warum sucht sie nicht einen loyalen Mann? Dann könnte sie aufatmen. Menschen hängen allerdings an gewohnten Mustern, wenn sie sich einmal damit zurechtgefunden haben. Es kann sogar der heimliche Wunsch bestehen, diese unbefriedigende Erfahrung zu revidieren; dazu müsste sich der Andere ändern. Die Gestaltpsychologen bezeichnen diese Konstellation als das Bedürfnis, eine unabgeschlossene Figur zu schließen. Eine Änderung des eigenen Verhaltens ist unbequem, da man dann seine Strategie aufgeben müsste. Und was würde dann das gewohnte Weltbild bestätigen? Nichts! Beide müssten ihr Bild von Beziehungen aufgeben und ein neues finden. Das ist nicht so leicht.

Und warum sucht er nicht eine Frau ohne Argwohn? Dann hätte er seine Ruhe – doch seine Überlebensstrategie der Undurchschaubarkeit gewinnt ja erst durch eine eifersüchtige Überwachung ihre Berechtigung. Nur so kann er sein Lebensprinzip aufrechterhalten, mit Charme bei anderen Frauen ein Eisen im Feuer zu behalten – seine Mutter nicht ausgenommen, der er jeden Sonntag aus der Zeitung vorliest.

Auf einer anderen Ebene sind alle beschriebenen Beziehungen ein gutes Arrangement, und das ist der tiefere Grund ihres Zustandekommens. Sie bieten den Partnern nämlich die Möglichkeit, in der Sicherheit der Liebe etwas zu revidieren, was unter Stress und Trauma als Notlösung und Selbstschutz angeeignet wurde. Eine Revision erfordert Mut und Unabhängigkeit – von denen man vielleicht gerade hofft, in der Liebesbeziehung ohne sie auskommen. Die Beziehung wird als Ruhekissen angesehen. Wachstum und Veränderung sind deswegen eine so schwierige Herausforderung, weil die gewohnte Sicherheit aufgegeben werden muss. Viele sagen sich deshalb: Lieber ein Arrangement mit Kompromiss als das Risiko der Veränderung – lieber den Spatz in der Hand als die Taube auf dem Dach. Und die Rettung bestünde darin, dass jedem vom Anderen die Taube vom Dach geholt würde; dass nämlich meine Sehnsucht erfüllt und mir gleichzeitig die Verantwortung dafür abgenommen wird.

In den skizzierten Fällen gelingt die Neuauflage als Nachholen oder Korrekturversuch nur scheinbar, und das Arrangement führt zu Dauerkonflikten. Im Fall 1 (Schwere Beine) gibt die Beziehung dem Mann die Gelegenheit, sich von der unzuverlässigen Mutter zu erholen; die Beziehung dient als liebesvolles Ruhekissen, jedoch ohne Sex. Im Fall 2 (Fischgräte) gibt die Beziehung Gelegenheit, gewohnte Kontrolle und Fürsorge zu erleben – jedoch um den Preis, betrogen zu werden. Im Fall 3 (Knebelvertrag) ist die Angst der Frau vor dem dominanten Mann zwar negativ, aber doch vertraut. Ebenso ist es im Fall 6 (Heiratsflüchter): die Erfahrung, überprüft zu werden, für den Mann, und die Verlustangst der Frau. In allen Fällen bringt die Bindung an den Partner neben Sicherheit und Hoffnung die wiederholte Enttäuschung, die Bestätigung und Verfestigung der eigenen Grundhaltung und eine Einschränkung der eigenen Erlebnismöglichkeiten mit sich, und zwar deswegen, weil die Liebesbeziehung einfach als Arrangement konsumiert wird, statt sie als Herausforderung zur Revision eigener Muster zu verstehen.

Eine zweite, und zwar die echte Art der Heilung, die die Liebe ermöglicht, besteht in einem Wachstumsprozess, in dem das Individuum tatsächlich vollständiger wird. Wenn die Partner nämlich überhöhte Bedürfnisse nach Bewunderung, Versorgung, Abnahme der Verantwortung und so weiter hinter sich lassen können oder sie im Sinne von Selbstsicherheit, Selbstfürsorglichkeit und Selbstverantwortung selbst erfüllen, dann wird die Liebesbeziehung von den Hypotheken der Biografie befreit. Das erfordert Reflexion und Bemühung. Ein zeitweiliges Sich–Fallen–Lassen in kindliche Wünsche und Bedürfnisse soll damit nicht ausgeschlossen werden. Denn das ist gerade eine der schönen Seiten einer Liebesbeziehung: dass jeder einmal bedürftig und schwach sein darf – nur nicht als Dauerzustand und als Forderung an den Anderen, die Verantwortung für das eigene Wohlergehen zu übernehmen.

Liebe heißt:
Das Meer von dem Turm aus betrachten,
in dem unsere Kindheit gefangen war.

20 Explizite und implizite Verträge

Liebende gehen offenbar einen Beziehungsvertrag mit bewussten und unbewussten oder zumindest unausgesprochenen Anteilen ein.[27] Die bewussten Anteile betreffen meist Interessen und Werthaltungen. Beide spielen beispielsweise gern Tennis oder wählen dieselbe Partei. Was die bewussten Anteile angeht, gilt das Motto »Gleich und Gleich gesellt sich gern.« Dieses Prinzip der Partnerwahl, Homogamie genannt, ist sehr verbreitet.[28] Paare haben vielfach den gleichen sozialen Hintergrund, aber die Ähnlichkeit betrifft auch Merkmale der äußeren Erscheinung bis zu Details des Körperbaus: Partner kommen im Allgemeinen aus dem gleichen Milieu, sind ähnlich attraktiv, haben sogar eine ähnliche Herzfrequenz und gleich große Ohrläppchen. Die andere Tendenz – »Gegensätze ziehen sich an« – trifft eher auf die Bedürfnisstruktur zu.

Im Fall des Heiratsflüchters (Fall 6) könnte sich ein expliziter Anteil des Beziehungsvertrages auf soziale Werte beziehen, die in Versorgung und Prestige zum Ausdruck kommen:

Expliziter Beziehungsvertrag:
Er: Du bist jung und schön.
Sie: Du bist weltgewandt und vermögend.

Er verehrt sie und versorgt sie.
Sie bewundert ihn und ziert ihn.

Dieser Teil des Beziehungsvertrages ist beiden bewusst und sowohl symmetrisch (gleiche Interessen) wie auch in einem oberflächlichen Sinne komplementär (sich ergänzende Ressourcen). Sie hat die Jugend noch, die er hinter sich hat; für beide aber ist Schönheit wichtig. Umgekehrt hat er die finanziellen Ressourcen, die ihr fehlen; und für beide bedeutet es viel, in gesicherten Verhältnissen zu leben. Der explizite Teil der Attraktion findet als mehr oder weniger einverständliches Tauschgeschäft statt.[29]

Bei den unausgesprochenen Anteilen des Beziehungsvertrages dreht es sich um komplementäre Wünsche, ähnlich wie die von Jürg Willi beschriebenen Bedürfnisse (siehe Kapitel 9). Dieser implizite Vertrag bezieht sich eher auf die Wunden der Vergangenheit und betrifft im Fall 6 bei der Frau beispielsweise die Aufmerksamkeit und beim Mann das Vertrauen. Der implizite Vertrag könnte so aussehen:

> Impliziter Beziehungsvertrag:
> Sie: Wenn ich Deine ungeteilte Aufmerksamkeit habe und mich ganz auf Dich verlassen kann, bin ich von der Befürchtung, Dir unwichtig zu sein, geheilt und muss Dich nicht mehr verfolgen.
>
> Er: Wenn Du mir ganz vertraust und mich so akzeptierst wie ich bin, bin ich von meiner Angst, bloßgestellt zu werden, geheilt und muss mich nicht mehr verstecken.

Während der explizite Teil des Beziehungsvertrages leicht erfüllt wird und beiden Partnern einigermaßen klar ist, auch wenn er nicht immer ausgesprochen ist, wird der implizite Teil oft gar nicht bewusst wahrgenommen und scheitert immer wieder, weil der Partner den Selbstheilungswunsch des Anderen nicht erkennt, in den er eingespannt wird. Stattdessen nimmt er ein ihm schon bekanntes Muster wahr, das die Ängste der Vergangenheit wiederbelebt. Das wiederholte Scheitern bestätigt jedem von beiden sein Weltbild und seine Glaubenssätze. In diesem Fall (6): Sie: »Ich muss auf der Hut sein, um nicht von ihm betrogen zu werden«; und er: »Sie versucht mich festzunageln, ich muss mich vorsichtshalber bedeckt halten.« So gibt es immer wieder Anlässe, die eigenen »Lieblingsgefühle« zu erleben (sie: *unwichtig zu sein* und er: *nicht recht zu sein*). Es bleibt alles beim Alten: Männer betrügen, und Frauen können nicht genug bekommen.

Der implizite Vertrag im Paar-Fall 6 enthält daher außer dem Heilungspotential auch den Dauerkonflikt und offenbart das gemeinsame Thema »Vertrauen«, das beide beschäftigt, das sie aber von verschiedenen Seiten angehen. Er löst das Problem durch Nichteinlassung und Verstecken und sie durch Skepsis und Verfolgung. Beide bestätigen sich gegenseitig die Notwendigkeit ihrer aufreibenden Strategien. Dabei könnten sie das Problem auf einer höheren Ebene mit etwas Vertrauensvorschuss und etwas Tapferkeit lösen. Paul Watzlawick, einer der Begründer der Systemischen Familientherapie, nennt es den Unterschied zwischen Lösungen erster Ordnung, nämlich mehr vom Gleichen zu tun – die meist zur Eskalation des Konflikts führen –, und Lösungen zweiter Ordnung, die Wachstum und Gleichgewicht auf einer neuen Ebene ermöglichen. Dazu müsste das gemeinsame Thema erkannt und einer kooperativen Lösung zugeführt werden, worauf wir im nächsten Kapitel eingehen werden.

Der explizite Beziehungsvertrag im Fall des Mannes mit den schweren Beinen (Fall 1) beinhaltet hauptsächlich gegenseitige Schonung und sieht etwa so aus:

> Expliziter Beziehungsvertrag:
> Er: Du verlässt mich nicht.
> Sie: Du wirst mir sexuell nicht gefährlich.
>
> ---
>
> Daher: Wir sind friedliche Menschen
> (streiten nicht und schlafen nicht miteinander).

Der Satz in Klammern ist beiden bewusst, nicht aber die Kopplung der beiden Ängste (vor Verlust und vor Überwältigung), die sich darin widerspiegelt. Der implizite Teil des Beziehungsvertrages lautet etwa:

> Impliziter Beziehungsvertrag:
> Wir verbannen die Aggression aus der Beziehung.
>
> ---
>
> Er: Ich bleibe deswegen braver Bub und werde nicht Mann.
> Sie: Ich bleibe deswegen Mutti und werde nicht Frau.

Die Lösung erster Ordnung heißt hier Verzicht und führt in diesem Fall nicht zur Streit-Eskalation, sondern zum Verlust von Intimität und Leidenschaft; das Ergebnis ist Distanz. Das gemeinsame Thema ist vordergründig Sexualität, eigentlich aber Aggression und Abgrenzung: Aggression, die er vermeidet und die sie fürchtet, und Abgrenzung, auf die sie beide um der Harmonie willen verzichten. Die Lösung zweiter Ordnung lautet: Wenn sie beide den Mut zu einem gewissen Ausmaß an Aggression zuließen, dann würde er sich trauen, seine sexuellen Phantasien zu äußern, auch wenn es ihr nicht passt, und sie hätte den Mut, ihn zurückzuweisen.

Wie im vorangehenden Fall kann die Liebe die Heilung bewirken, die vom impliziten Teil des Vertrages in Aussicht gestellt wird, und zwar dann, wenn sich beide Partner über die Muster klar werden, die sie in die Beziehung hineingetragen haben, und sich dessen bewusst bleiben, dass ihr Partner anders reagieren kann als frühere Bezugspersonen, mit denen die schlechten Erfahrungen gemacht wurden. Damit das geschieht, muss jeder von beiden bereit sein, den ersten Schritt zu tun. Das erfordert Mut und Liebe.

21 Wachstum in der Beziehung

Wiederkehrende Konfliktherde sollten nicht einfach voreilig durch pragmatische Lösungen aus dem Weg geräumt werden, denn sie geben einen Hinweis auf die Entwicklungsmöglichkeiten der Beziehung. Da beklagt der eine am Anderen: *Hättest Du doch nicht diese Unselbstständigkeit, diese Schlampigkeit, diese Arbeitswut, diese Verschwendungssucht, diese Unzuverlässigkeit* oder ähnliches – *dann wäre unser Glück vollkommen*. In Wahrheit sind die Unzulänglichkeiten des geliebten Partners nicht nur ein Manko, das die Beziehung daran hindert, perfekt zu sein, sondern sie machen sie auch stabil, und das aus zwei Gründen:

Erstens reguliert ein gelegentlicher Streit die Distanz, sodass sich die beiden nach der Entfernung wieder näher kommen können. Permanente Nähe führt zu Verflachung und widerspricht dem zyklischen Charakter alles Lebendigen. Zweitens bieten die gewohnten Reibungspunkte die Gelegenheit, die eigenen Sichtweisen und Bewältigungsstrategien zu bestätigen und auszubauen. Der Andere wird also für die eigene Stabilisierung benutzt. Die Entwicklung der Partner und der Beziehung wird durch die wiederkehrende Streitroutine jedoch behindert. Jeder hält an seiner Sichtweise fest; die Beziehung bleibt, wie sie ist, beziehungsweise wird auf Dauer dabei allmählich verschleißen.

Statt der Stagnation kann sich aus den wiederholten Konflikten aber auch ein Hinweis auf den impliziten Vertrag und den Ansatzpunkt der Veränderung ergeben. Da beide im Streit das gleiche Thema auf unterschiedliche Weise angehen, werden sie sich entweder mit ihrer unterschiedlichen Herangehensweise gegenseitig endlos nerven, oder aber sie können sich einander öffnen.

Nehmen wir den Fischgräten-Fall (2): Der Frau sind abends die Zigaretten ausgegangen, sie traut sich aber nicht aus dem Haus und bittet ihren Mann, sie ihr zu holen. Der will gerade Sportschau sehen und beklagt sich über die Unselbstständigkeit der Frau. Sie wirft ihm Rücksichtslosigkeit vor – er wisse doch, dass sie unter Panik-Attacken leide. Das gemeinsame Thema ist Kontrolle; der Mann übt die Kontrolle aktiv aus und nimmt der Frau das ab, was sie aufgrund ihrer überbehütenden Mutter nicht gelernt hat. Die Frau kann sich dem Mann, aus der Not eine Tugend machend, ganz anvertrauen und ihn durch ihre Hilflosigkeit mindestens teilweise kontrollieren. Sie zwingt ihn mit ihrem Leiden in die Knie – jedenfalls meistens. Aber das hat einen Preis. Sie hat praktisch kein Geheimnis vor ihm und ist in seinen Augen schwach. Selbst schwach sein und sein Schutzschild der Unerschütterlichkeit herunternehmen fällt ihm aus verständlichen Gründen schwer – er hat eine Nebenbeziehung. Vielleicht darf er in der Nebenbeziehung schwach sein. Um sich zu entwickeln, könnte sie lernen, selbstständig zu werden (was sie tut, indem sie eine Therapie beginnt), und er könnte im gleichen Maße lernen, Kontrolle an sie abzugeben. Aber das will er nicht, da er glaubt, dann die Freiheit aufgeben zu müssen, die ihm eine Nebenbeziehung ermöglicht.

Oder im Fall 3 des Knebelvertrags: Sie bleibt eine halbe Stunde länger beim Einkaufen, und als sie heimkommt, wirft er ihr vor, sie hätte heimlich finanzielle Transaktionen vorgenommen, um ihn mit den Kindern zu verlassen. Das trifft natürlich nicht zu, und erschüttert über solche Verdächtigungen bricht sie weinend zusammen. Ihr gemeinsames Thema ist die Ohnmacht und das Unrecht, dem sie glauben ausgeliefert zu sein. Sie hofft, es geschehe ihr Recht durch seine Gnade, und er versucht sich Recht zu verschaffen, indem er Betrug unterstellt und sie verurteilt.

Um die Herausforderung der gemeinsamen Veränderung anzunehmen, müssen die in früheren Phasen des Lebens vorgefallenen Frustrationen und Traumata und die daraus entstandenen Bedürftigkeiten gesehen und die entsprechenden Bewältigungsstrategien wenigstens teilweise aufgegeben werden. Dies wird möglich, wenn jeder darauf verzichtet, dass Bedürfnisse unbedingt durch den Partner befriedigt werden, wenn er also selbst für sich zu sorgen beginnt. Dazu kann es notwendig sein, dass die Partner sich trennen, weil sie es nicht schaffen, selbstständig zu werden und dabei aufeinander bezogen zu bleiben. Die Frau des Fischgrätenfalles (Fall 2) lernte wieder allein Auto zu fahren – das bedeutete Kontrolle über ihr Leben – und erfuhr von der Untreue ihres Mannes; sie trennten sich. Ihr nächster Partner war ein ausgeflippter Abenteurer, jünger als sie, der sein Leben überhaupt nicht auf die Reihe brachte, und sie übernahm die Kontrolle.

Da der geliebte Partner einerseits mit seinem Charakter zielgenau auf meine Schwachstelle trifft und andererseits durch die Liebe eine recht sichere Garantie dafür gegeben ist, dass er mich nicht fallen lässt, wenn ich ungeschützt dastehe, bietet die Liebesbeziehung eine einzigartige Gelegenheit, die eigenen Schutzmanöver zu revidieren. Die Partner brauchen dann den Anderen nicht mehr dazu, ihre verkrustete Position zu bestätigen, sondern können sich öffnen und erhalten so eine Chance für größere Intimität. Das setzt voraus, dass die Attraktion nicht nur auf der neurotischen Maske beruht, sondern etwas dahinter Liegendes betrifft; etwas, das Außenstehenden oft gar nicht sichtbar wird – nur dem, der liebt. Er sieht das Licht der Seele des Anderen; das, was der Andere potentiell sein könnte. Da er die positiven Seiten im Anderen sieht, begegnet er ihm mit so viel Wohlwollen, dass der Andere sich ohne die Gefahr, verletzt zu werden, öffnen kann.

Wenn die Bereitschaft zur Öffnung groß genug ist, um auf die Abwehrmanöver zu verzichten, dann kann der implizite Vertrag in revidierter Form erfüllt werden. Nur setzt meist reflexartig das gewohnte Muster ein: die Enttäuschung über den Vertragsbruch, der Groll über die Enttäuschung – und schon bricht der Konflikt auf, der sich als Umkehrung des Vertrages darstellt. Im Fall 6 des Heiratsflüchters etwa:

> Sie: Ich verfolge Dich, weil Du nicht greifbar bist.
> Er: Ich halte mich bedeckt, weil Du mich ständig anzweifelst und mir misstraust.

In dieser Beziehung wird Frustration gegenseitig aktiv herbeigeführt: Beide beklagen sich ununterbrochen über den Anderen. Daher steht auch ständig die Gefahr der Trennung im Raum. Bei Fall 1, den schweren Beinen, wird die Frustration passiv herbeigeführt:

> Sie: Ich verzichte auf die Sexualität aus Angst vor Überwältigung.
> Er: Ich verzichte auf die Sexualität aus Angst vor Verlust der Geborgenheit.

Hier besteht die Gefahr der Trennung nur latent, indem die Leidenschaft zugrunde geht und die Liebesbeziehung langweilig wird.

Da der implizite Vertrag nicht immer bewusst ist, erkennen die Partner meist weder ihr gemeinsames Thema noch ihren geheimen Heilungswunsch noch dessen biografischen Hintergrund. Keiner von beiden ist darauf vorbereitet, die Anteile in der Beziehung wahrzunehmen, die aus der Übertragung von früheren Beziehungsmustern herrühren. Jeder von beiden hält seine Wünsche für einklagbar – vom Partner statt von den Eltern oder von anderen früheren Bezugspersonen. Und beide erkennen die Komplementarität der Ängste nicht: etwa die Angst, sexuelle Wünsche zuzugeben, und die Angst, sexuell überwältigt zu werden, im Fall 1; oder die Angst, betrogen bzw. entdeckt zu werden, im Fall 6. Eine Bearbeitung dieser Bindungsmuster ist erleichtert, wenn deren Herkunft aus früheren Erfahrungen klar geworden ist.

Im Fall 3 mit dem brüderlichen Missbrauch (Knebelvertrag) war die Klärung durch eine gegenseitige Aussprache möglich. Die Frau hatte dem Mann nie von dem Trauma ihrer Jugend erzählt. Nachdem sie ihm das in einer vertrauensvollen Stunde mitgeteilt hatte, konnte er ihre Hilflosigkeit ihm gegenüber verstehen und schämte sich seiner Unterdrückung. Er erklärte ihr den Zusammenhang mit seinen eigenen Vorerfahrungen und seiner Befürchtung, seine Kinder zu verlieren. Darauf verlor sie ihre Angst vor ihm, zog mit den Kindern eine Zeit lang in eine eigene Wohnung in der gleichen Straße, wo er sie regelmäßig besuchte; sie teilten sich das Umgangsrecht der Kinder.

Im Fall 2 (Fischgräte) führte die zunehmende Selbständigkeit der Frau zur Scheidung. Dem Mann mit der heimlichen Geliebten war der Verlust der Kontrolle über die Ehefrau unbequem. An einer Paartherapie bestand für ihn kein Interesse. Das macht deutlich, dass die Bindung wohl hauptsächlich von Ängsten bestimmt war: ihrer Angst vor den Risiken, auf eigenen Füßen zu stehen, und seiner Angst, die Freiheit zu verlieren. Beide konnten durch die Partnerwahl verhindern, mit ihren Ängsten in Berührung zu kommen.

Im Fall 1 mit den schweren Beinen verlief die Revision des Vertrages so: Um sich aus der Sackgasse der Lustlosigkeit zu befreien, musste der Mann ein wenig von seiner Loyalität ablegen und es wagen, sich von anderen abzugrenzen. Dazu bot ihm seine Ehe eine Chance: Seine Frau liebte ihn so sehr, dass er das Risiko eingehen konnte, ihr gegenüber auch einmal etwas Unpopuläres zu äußern wie etwa seine Gedanken an Sex. Dadurch würde er ihr gefährlicher, weil sie nicht mehr sicher sein konnte, ob er nicht auch nach anderen Frauen schaute. Das gab ihr die Möglichkeit, ihre Zurückhaltung zu revidieren, ihm sexuelle Angebote zu machen und so ihre Sexualität gemeinsam zu entwickeln.

Der Weg bestand nicht darin, direkt zur Sexualität zurückzukehren. Vielmehr war der erste Schritt die Einübung von Aggression, ihrem gemeinsamen Thema, um die Angst vor Abgrenzung zu überwinden. Beide lernten, sich zu streiten, und fanden Spaß daran, dies körperlich zu spüren; sie lieferten sich mit Vergnügen Kissenschlachten. Die Frau bot ihrem Mann die beste Gelegenheit, seine Verlustangst zu überwinden, die er mit Aggression verband. Sie war ihm sicher genug.

Durch das Zulassen von Aggression war auch die Sexualität wieder möglich. Die Verschmelzung konnte im Bewusstsein der Möglichkeit der Abgrenzung angstfrei erlebt werden. Dem liegt die Tatsache zugrunde, dass man einander nur so nahe kommen kann, wie man sich voneinander entfernt. Ein persönliches Wachstum wäre ohne die Beziehung nicht einfach gewesen, denn die soziale Umwelt schätzte an dem Mann zu sehr die Loyalität und an der Frau die Freundlichkeit.

Manchmal ist die Änderung für den einen erstrebenswerter als für den Andern, wie bei Fall 2 (Fischgräte), wo der Mann etwas zu verlieren hatte, als die Frau selbstständig wurde und er mit seiner eigenen Entwicklung momentan zufrieden war. Im Fall 6 (Heiratsflüchter) sah es ähnlich aus: Es bereitete dem Mann keine Probleme, sich vorzustellen, sich noch einmal nach einer anderen Frau umzusehen. Er schätzte seine persönliche Freiheit sehr, und es fiel ihm leicht, sich ein angenehmes Leben zu machen, ohne sich einzulassen.

Aber diese Leichtigkeit des Seins, wie sie kennzeichnend ist für das Modell *Ludus*, das wir im 14. Kapitel vorstellten, hatte er schon so lange gelebt, dass es ihm vorkam, als würde er sich im Kreise drehen. Er wollte etwas Anderes, nicht mehr das Gleiche. Deswegen konnte er sich entschließen, die eigenen Befürchtungen zurückzustellen und der Frau entgegenzukommen, um ihr ein Gefühl der Sicherheit zu geben. Das hatte zur Folge, dass auch sie sich etwas zurücknahm und auf ihre Überprüfungen mehr und mehr verzichtete.

Es gibt verschiedene Möglichkeiten, mit dieser Art von gegenseitiger Verstrickung umzugehen. Entweder lebt man darin weiter mit dem Effekt, dass die Bindung enger wird, aber die Intimität schwindet, da ja jeder seine Ängste und Wünsche vor dem Anderen verbirgt: Der loyale Mann in Fall 1 verbarg die Angst, wegen sexueller Wünsche verstoßen zu werden; seine Frau versteckte ihre Angst vor der Überwältigung. Der nicht greifbare Mann in Fall 6 verbarg seine Angst, bloßgestellt zu werden, und seinen Wunsch nach Freiheit, während seine Frau ihre Angst versteckte, hintergangen zu werden, sowie ihren Wunsch nach Beachtung.

Eine weitere Möglichkeit: Jeder arbeitet für sich an seinem Thema, wie es die Frau im Fall 2 (Fischgräte) tat, aber das geht meist einher mit einem Rückzug aus der Beziehung. Doch kann man – und das ist eine dritte Möglichkeit – auch *innerhalb* der Beziehung Autonomie gewinnen, ohne den Kontakt zum Anderen zu verlieren, wie dies in den anderen Fällen geschieht. Diese Art der Reifung hat der Familientherapeut Helm Stierlin bei der Analyse von Problemen, die Jugendliche mit der Ablösung von ihren Eltern haben, bezogene Individuation genannt. Das entspricht dem, was Paartherapeuten wie David Schnarch oder Ellyn Bader und Peter Pearson Differenzierung genannt haben. Es ist der Prozess, in dem die individuelle Entwicklung dadurch gefördert wird, dass man einen Partner hat, der durch seine eigenen Bedürfnisse, Ängste und seine Bewältigungsstrategien den Anderen mit dessen Problemen konfrontiert.

Dabei kann er entweder von seinem Partner enttäuscht sein, oder die Konfrontation bringt ihn dazu, das eigene Beziehungsmuster noch einmal zu überprüfen. Indem er versucht, die darin enthaltenen Begrenzungen zu revidieren, kommt er in seiner eigenen Entwicklung weiter. Der Einfluss der neurotischen Altlasten auf die Beziehung nimmt ab und ebenso die Abhängigkeit von Menschen, die mich retten oder die emotionalen Löcher der Vergangenheit stopfen sollen. Damit sinkt die Gefahr der emotionalen Ausbeutung und der Manipulation des Anderen und die Liebesfähigkeit nimmt zu.

Das Gegenteil tritt ein, wenn die Partner aufeinander angewiesen sind, wenn sie vom Anderen fordern, ihre verletzbaren Stellen zu schützen, und damit der eigenen Entwicklung aus dem Wege gehen. Das Paradox besteht darin, dass die Beziehung umso besser gelingt, je weiter die Partner als Individuen entwickelt sind, und dass andererseits eine neurotisch unbelastete Beziehung die individuelle Entwicklung erleichtert. Man könnte meinen, Liebe diene der Fortpflanzung oder der Stabilisierung der familiären Zelle. Aber das ist nicht alles. Sie kann darüber hinaus eine Chance für Wachstum sein, wenn man den

Grundkonflikt versteht, an dem die Beziehung immer wieder zu scheitern droht, und wenn man bereit ist, das darin enthaltene Thema zu bearbeiten.

Wie erkennt man den Grundkonflikt, der den impliziten Beziehungsvertrag mitbestimmt? Einen guten Zugang bieten die Standardvorwürfe der Partner. Wenn jemand seinem Partner häufig vorwirft, er sei schlampig, dann deutet das auf mangelnde Übernahme der Verantwortung auf dessen Seite. Der Angeschuldigte beklagt sich dann seinerseits über das ständige Meckern. Damit rutscht der eine in die Rolle des Rebellen und der Andere in die des Anklägers. Ein Beispiel dafür ist das Paar aus Alkoholiker und Ko-Alkoholiker. Letzterer trinkt meist nicht, sondern rettet den Partner, wenn er betrunken ist, er kritisiert ihn, wenn er wieder nüchtern ist, und gibt ihm damit einen Anlass zur Rebellion, das heißt dazu, sich erneut zu betrinken. Als hätte er nicht gelernt, für seine Geschicke die Verantwortung zu übernehmen, lässt er sich vom Alkohol »bemuttern« wie später von seinem Partner. Ihr gemeinsames Thema ist die Abhängigkeit. Der eine macht sich vom Anderen abhängig, und der Andere macht den einen von sich abhängig. Der eine ist abhängig und der Andere hat Angst davor, abhängig zu werden. Auf diese Weise sind sie miteinander verbunden.

Die zerstörerische Rollenverteilung kann überwunden werden, wenn sich der eine mit seiner Sehnsucht, versorgt zu werden, und der Andere mit seinem Kontrollbedürfnis auseinandersetzt, denen das gemeinsame Thema der Abhängigkeit zugrunde liegt. Wenn der Alkoholiker beginnt, die Verantwortung für sich selbst zu übernehmen, entwickelt der vormalige Retter manchmal ein Zwangsverhalten, weil es am Anderen nichts mehr zu kontrollieren gibt. Wenn er beginnt, dahinter das zu sehen, was er eigentlich an sich selbst bezähmen muss, wird er mit seiner Angst in Berührung kommen. Mit welcher

Angst? Vielleicht mit der Angst, dass für ihn niemand da sein wird, wenn er selbst bedürftig wäre, oder mit der Angst, selbst süchtig und abhängig zu werden.

Es wurde in diesem Abschnitt beschrieben, wie man die Begegnung von zwei Menschen, die sich lieben, als schicksalhaft in dem Sinne verstehen kann, dass jeder am Anderen genesen kann. Es kann den Anschein haben, als würde sich das Unbewusste des einen mit dem Unbewussten des Anderen verabreden, etwas für die beiden Individuen zu tun, indem die jeweiligen unbewussten Anteile ihre Individuen durch eine harte Probe schicken, die sie dazu bringen kann, ihre Schwachstellen zu überprüfen. Doch das ist unbequem, und manche ziehen es vor, ihre Liebe als gescheitert zu betrachten, das Leid der Liebe zu bejammern, in eine Depression zu verfallen oder den Anderen anzuklagen. Wie man das vermeiden und das Glück in der Liebe erhalten kann, soll im nächsten Abschnitt gezeigt werden.

7 Regeln für eine glückliche Beziehung

Was es zu bewahren gilt

Liebe beschreiben ist, wie Wasser mit den Händen fassen: Festhalten kann man es nicht, man muss es trinken. Liebe ist nicht Biologie oder Psychologie allein, Disziplinen, mit denen man sie dokumentieren und analysieren könnte. Obwohl sehr viel darüber von Forschern wie Sternberg, Willi oder Gottman gesagt wurde, fällt das meiste von dem, was an der Liebe glücklich macht, durch das Sieb der wissenschaftlichen Beschreibung. Liebe ist wie ein Traum, den man verstehen, aber nicht erklären kann. Poesie kann Liebe erfassen, weil sie nicht erklären, sondern berühren will. Und Liebe ist Berührung. Dichter drücken besser aus, was Liebe ist. Sie sagen:

Liebe ist: den richtigen Namen finden für das Leben,
den geheimen Schlüssel entdecken, der das Gefängnis öffnet, in
dem unsere Seele gefangen ist,
sich von der Erde erheben mit einer Kraft, die nicht von dieser
Erde ist,
in den Augen den Blick entdecken, der in uns die Wahrheit sieht,
in den Händen von der Wärme überrascht werden, die eine
perfekte Begleitung ist,

ahnen, dass die Einsamkeit unseres Schattens für immer
besiegt sein könnte,
entdecken, wo Körper und Seele sich vereinen,
in einer Wüste den Ruf der kristallenen Stimme eines Flusses
wahrnehmen,
das Meer von dem Turm aus betrachten, in dem unsere Kindheit
gefangen war,
in einem Land sein, in dem die Düfte und die Waffen zusammen
sich vertragen,
in den Berührungen des Gefühls den verwirrten Verstand
vergessen,
sich zum Herrn über Tag und Nacht machen,
verstehen, dass es keinen Unterschied zwischen Traum und
Bewusstsein gibt,
den Unterschied vergessen zwischen Schmerz und Freude,
der Finsternis des Herzens einen winzigen Lichtschein gönnen,
sich von sich selbst befreien und vereint sein mit dem Rest der
Kreaturen,
sich in der Seele und im Körper zeigen.
.....   *Francesco Luis Bernárdez (in Benedetti 2003)*

Wenn es etwas gibt, das uns dem Göttlichen näher bringt, ist es die Liebe. Natürlich hat sie ganz ungöttliche Seiten. Es gibt Missbrauch, Gewalt und Ausbeutung in der Liebe, es gibt gekaufte Liebe, es gibt Liebe, die eigentlich Neurose oder Selbstschutz ist. Wie kann man die richtige Liebe erkennen, und wie kann man sie erhalten? Versuchen wir zu klären, was Liebe ist und was sie nicht ist.

Liebe ist Sexualität. Doch ist sie noch weit mehr als das: Liebe ist Altruismus, Treue, Fürsorge, Hingabe. Liebe ist, wenn unser Ich weniger wichtig wird. Sie ist das Erweitern von Grenzen, indem wir mit etwas außerhalb von uns selbst verbunden sind:

In der *Sexualität* geschieht dies im Moment des Orgasmus – »la petite mort«, wie der schon erwähnte Philosoph George Bataille es nannte. Das Ich löst sich vorübergehend auf, und wir sind eins mit dem Anderen. Die *Erotik,* wenn sie meditativ verstanden wird, kann diese Verbindung mit etwas Größerem bewirken, das außerhalb des Paares liegt. In der *Verliebtheit* ist unser Interesse aus purer Sehnsucht ganz bei dem Anderen.

In allen drei Fällen sind wir nicht mehr selbst der Mittelpunkt unseres Denkens und unserer Besorgnis. Entwicklungspsychologen wie Jean Piaget oder Paul Kegan nennen diesen Prozess *Dezentrierung* und halten ihn für eine wesentliche Voraussetzung für Reifung. Die Existenzialisten versichern uns, dass allein dadurch Sinn im Leben entsteht, wenn wir uns in etwas Anderes als uns selbst versenken, und die bevorzugten Bereiche dafür sind nach Viktor Frankl ein Werk, ein Leiden und die Liebe. Sexualität, Erotik und Verliebtheit sind besondere, meist kurze Phasen, in denen wir von der quälenden Sinnfrage erlöst sind. Liebe dagegen macht es möglich, diesen Zustand der Dezentrierung und der Sinnhaftigkeit im Alltag aufrechtzuerhalten und auszuweiten.

Liebe ist auch etwas, das stärker ist als die Ordnung, welche wir mühevoll aufrichten, um uns zusammenzuhalten. In der Liebe können fast alle gängigen Maßstäbe ihre Bedeutung verlieren. Entfernung bedeutet nichts, Geld bedeutet nichts, ebenso Gefahr oder gesellschaftliche Schranken. Und selbst Moral hält nur mühevoll gegen sie stand. Unzählige Tragödien erzählen von diesem Zwiespalt des Gewissens. Liebe stellt eine andere Ordnung dar, in der wir alles für den geliebten Menschen mobilisieren und ihn trotzdem lassen können, statt von ihm etwas dafür zu verlangen, wie sonst im Leben, wenn wir etwas investieren.

Liebe ist nicht etwas, was man besitzen kann. Sie bringt unsere Philosophie des Habens durcheinander. In der Liebe wollen wir zwar die Zuneigung, Aufmerksamkeit, Sexualität vom Anderen haben, aber noch wichtiger ist, dass der Andere uns will. Dafür wollen sich manche Menschen sogar selbst aufgeben. Doch zu glauben, durch Selbstaufgabe glücklich zu werden oder den Anderen glücklich zu machen, ist genauso irrig wie der Glaube, den Anderen besitzen zu können. Uns hingeben, weil der Andere uns will, ist die Erfüllung in der Liebe. Und Hingabe ist pures Sein. Es ist eine Art von Flow.

Sexualität ist auch dann möglich, wenn Liebe sich nicht erfüllt. Liebe dagegen umfasst Sexualität und ist zugleich jenseits der Notwendigkeit von Sexualität. Dante sah Beatrice nur ein einziges Mal, und seine Sehnsucht nach ihr hielt ein Leben lang an, ohne dass Sexualität je eine Rolle gespielt hätte. Zwar sind die Begriffe nicht sehr scharf voneinander abgegrenzt, aber Verliebtheit kann das nicht gewesen sein. Sie dauert nicht so lange. Es muss Liebe gewesen sein. Grenzt das nicht an religiöse Hingabe?

Liebe wirkt jenseits aller Psychologie, die uns erklärt, warum Menschen sich anziehend finden – weil sie etwa Wunden aus der Vergangenheit mitschleppen, die in der Liebe geheilt werden wollen. Sie ist auch kein biologischer oder sozialer Auslesemechanismus. Liebe ist etwas, das uns frei macht von den psychischen und den sozialen Ketten. Und sogar körperliche Gebrechen wiegen nicht mehr so viel, wenn man liebt. In der Liebe sind wir absorbiert von der Schönheit des Anderen, seines Körpers, seiner Sexualität, seiner Haltung, seiner Worte. Wir sind seiner Seele nahe. Aber was ist die Seele? Sie ist das unverbogene Ich, das die Schrammen und Verletzungen des Lebens für Momente vergessen kann.

Wenn es gelungen ist, die Liebe mehr und mehr von der neurotischen Überformung durch die biografischen Unfälle zu entrümpeln, dann kommen wir zu der Frage, wie die Liebe, die darunter verborgen ist, rein gehalten werden kann; wie wir die Vermüllung unserer Beziehung verhindern können. Dazu sollen die folgenden sieben Regeln dienen. Wenn Sie sich an diese Regeln halten, werden Sie sicherlich in der Liebe glücklich bleiben. Oder ich sollte sagen: Sie haben eine ziemlich gute Chance – vorausgesetzt: Sie lieben einander. Aber Liebe bedeutet, dass Sie sich investieren, sich selbst einbringen. Liebe ist kein Ruhekissen und keine Festung gegen die Unbill der Welt; auch keine Erholungsort vom Frust des Alltags. Obwohl sie auch das alles sein kann, dürfen wir sie nicht darauf reduzieren.

Hier folgen nun die sieben Regeln des Glücks. Das Glück in der Liebe ist ein Balanceakt zwischen der eigenen Unabhängigkeit (Regel 1–3) und der Hingabe an den Anderen (Regel 4–7). Niemand wird diese Balance herstellen und aufrechterhalten können, wenn er nicht bereit ist, sich selbst zu verändern.

Regel 1: Verzichten Sie auf Bewilligungen!
Regel 2: Nehmen Sie die Delegation zurück!
Regel 3: Erlauben Sie den Groll und begrenzen ihn!
Regel 4: Schützen Sie die Wunden des Anderen!
Regel 5: Geben Sie der Liebe einen Raum!
Regel 6: Pflegen Sie die Leidenschaft!
Regel 7: Bleiben Sie neugierig auf den Anderen!

Viele Paare klagen: *Wäre es doch noch so wie am Anfang!* Aber wir verlieben uns nicht, um zu bleiben, wie wir sind, wie der französische Philosoph Jacques Lusseyran in der Novelle *Bekenntnis einer Liebe* sagt; Liebe ist eine Gelegenheit zu wachsen, so wie die Kindheit es ist, und Reifung kommt dadurch zustande, dass wir uns vergessen dürfen. Das mag zunächst eigenartig klingen, aber es ist eigentlich leicht zu verstehen: Durch das Vergessen werden die Begrenzungen belanglos, die uns normalerweise einengen. In der Liebe geht alles – oder zumindest viel mehr, als wir uns sonst vorstellen können.

Die erfolgreichen Mechanismen der Alltagsbewältigung haben kaum Gültigkeit in der Liebe und führen eher zur Entfremdung. Genau das, Entfremdung nämlich, ist es, was wir im Leben normalerweise in Kauf nehmen, um stark zu sein. Wir grenzen uns ab, wir suchen Identität und Bestätigung im Konkurrenzkampf. Das entspricht dem männlichen Weltbild und ist symbolisiert durch das Schwert, das geistig trennt und im Kampf unterwirft. Dafür stehen die beiden römischen Gottheiten Apollo und Mars. Der Kelch als das Symbol der weiblichen Seinsweise regierte die Welt in anderen Epochen, die aus unserer mutterrechtlichen Vorgeschichte bekannt sind. Dort war die Fruchtbarkeit das Lebensprinzip und nicht Abgrenzung und Kampf.

Allerdings sind Kampf und Liebe in unserer Kultur nicht so leicht voneinander zu trennen. In der griechischen Mythologie, die am Anfang unserer westlichen Kultur steht, sind Ares (römisch: Mars) und Aphrodite (römisch: Venus) Geschwister, die darüber hinaus ein betrügerisches Liebesverhältnis hatten. Aphrodite war nämlich die Frau des Hephaistos – des himmlischen Schmieds, der sie in flagranti mit Ares überraschte. Außerdem entzündete sich der Trojanische Krieg an der Entführung oder Verführung von Helena, also an Liebeshändeln. Doch sind wir hier schon in der Zeit des Patriarchats. Der Herrscher der damaligen Götterwelt ist bereits ein Mann, Zeus. Also ist Liebe in der Gegenwart beides: Hingabe *und* Abgrenzung, und die Verquickung ist nicht aufzulösen.

Niemand kann das Rad der Geschichte in romantischer Anwandlung zurückdrehen und zu prähistorischen, mutterrechtlichen Lebensformen zurückkehren, wo die Aggression möglicherweise eine geringere Rolle gespielt hat. Aber nachdem wir schließlich das Jahrhundert des Todes, das 20. Jahrhundert, hinter uns gelassen haben, ist die Überwindung der patriarchalen Dominanz als Prinzip der Konfliktregelung am Horizont sichtbar geworden – wenn auch nur als schwaches Licht, das angesichts der allgegenwärtigen Rückfälle in die Gewalt noch wenig Hoffnung verspricht. Doch vielleicht kann ja die Liebe genauso wieder zu Ehren kommen wie die Gewalt in den letzten 2500 Jahren seit dem Trojanischen Krieg bejubelt wurde. Es ist jedenfalls nicht sinnvoll, die Aggression aus der Beziehung zu verbannen. Wie Sigmund Freud zeigte, ist Sexualität immer eine Mischung aus beidem, Aggression und Liebe. Der Liebe gebührt ein Platz neben der Aggression, weil sie die Kraft ist, aus der Leben entsteht.

Anekdoten aus der Mythologie erzählen etwas über das kollektive Verständnis von Liebe, selbst wenn Rationalisten dieses Wissen für überholt halten. Das mythische und auch das magische Wissen können ebenso wie die Instinkte hilfreich sein. Wollten wir auf unsere Instinkte verzichten, wenn es ums Überleben geht? Ebenso wenig müssen wir auf die Magie der Rituale, die uns mit der Natur und der Gemeinschaft verbinden, oder auf die Mythen verzichten, die uns mit unserer Herkunft verbinden und die Welt in einer Weise erklären, die über das wissenschaftliche Verständnis hinausgeht. Die Vernunft ermöglicht ein funktionales Verständnis. Aber sie bleibt stumm, wo es darum geht, einen Sinn in der Irrationalität des Lebens zu finden – in der Irrationalität, die wir ständig in den seltsamen Fügungen des Schicksals wie Krankheit, Unfall, der Liebe und ihrem Gegenstück, dem Krieg und dem Tod erleben. In Mythen kommt das alles vor und wird zu einem kunstvollen Gewebe zusammengefügt. Sie stehen mit den Wendungen des Schicksals auf gutem Fuße; warum sollten wir auf sie verzichten, wenn es darum geht, etwas vom Leben zu verstehen?

Die Liebe hat einen Preis, nämlich Vertrauen. Es ist das Gegenteil von Misstrauen, das man im Krieg braucht, um zu überleben und den Kampfgeist zu schüren. Orpheus verlor seine geliebte Eurydike zum zweiten Mal, als er sie aus der Unterwelt zurückholen durfte, weil er zweifelte und sich umsah. Psyche musste ihren göttlichen Liebhaber Amor hergeben, weil ihre Schwestern sie misstrauisch gemacht hatten und sie herausfinden wollte, wer denn der geheimnisvolle Besucher sei, der sie in der Nacht beglückte. Und um die verlorene Liebe wiederzugewinnen, musste sie eine Reihe schwerer Prüfungen bestehen.

Verliebtheit benötigt keine Regeln, sie lässt sich nicht regeln. Liebe allerdings kann von ein paar Regeln profitieren, die beschreiben, wie man sie pflegen kann und sich dabei verändern muss, um dauerhaft zu lieben und das Vertrauen in die Beziehung zu festigen. Über jede der Regeln sind Bücher geschrieben worden. Jede der Regeln – für sich allein genommen – führt in eine Sackgasse: in die Sackgasse des Egoismus, der Ausbeutung, der Selbstaufgabe, des Hedonismus, der Technokratie, des Pragmatismus. Erst die Kombination der Regeln garantiert eine gewisse Ausgewogenheit, und erst sie verhilft dazu, dass die Liebe wachsen kann.

Regel 1: Verzichten Sie auf Bewilligungen!

Damit ist gemeint, dass man sich nicht verleugnet aus der Angst, die Harmonie zu stören. Man soll dem Anderen über sich berichten, ohne sich untreu zu werden, aber auch darauf verzichten, ihm seine Zustimmung zur Rechtfertigung der eigenen Meinung abzuverlangen. Es geht darum, ihn zu lieben, ohne ihn zu vereinnahmen, das heißt: sich abzugrenzen, ohne den Bezug zum Anderen zu verlieren.

Wenn es in dieser Beziehung jemandem besser geht als mir, dann mache ich etwas falsch. Das klingt egoistisch, aber es ist das Gegenteil. Wenn ich jemandem etwas Gutes tun möchte, dann sollte ich in der Lage sein, es mir selbst gut gehen zu lassen. Das bedeutet, die Verantwortung für mein Wohlergehen zu übernehmen, es bedeutet zugleich eine Absage an das Martyrium, an das vom Christentum gepredigte Jammertal und die Vorstellung vom stellvertretenden Leiden. Das heißt nicht, dass in der Liebe keine Opfer angebracht wären. Aber man sollte in der Liebe eigentlich nicht von Opfern sprechen, sondern besser von Geschenken im Sinne eines symmetrischen Verständnisses vom Geben, nämlich der kindlichen Freude des Schenkens, das dem Schenkenden ebenso gut tut wie dem Beschenkten.[30] Wenn es mir selbst dabei gut geht, kann ich schenken, ohne Gefälligkeiten dafür zu erwarten. Um so schenken zu können, muss man sich frei fühlen zu geben, ohne es zu tun, weil es erwartet wird.

Umgekehrt heißt das auch: Belaste die Beziehung nicht damit, dass Dir der Andere etwas bestätigen soll, was Du dir selbst bewilligen kannst. Nehmen wir als Beispiel die Frage: Was war der schönste Moment Eurer Liebe? Er: »*Die Hochzeitsnacht.*« Sie: »*Nein, da warst Du betrunken. Aber wunderbar war, als das Kind geboren wurde.*« Er: »*Nein, das sah überhaupt nicht appetitlich aus.*« Es bringt die Beziehung nicht weiter, um des lieben Friedens willen Einigkeit zu heucheln. Die Harmoniesucht treibt dazu, sich die Dinge, die man schön findet, vom Anderen bestätigen zu lassen. Stattdessen kann jeder selbst die Verantwortung für das übernehmen, was er gern möchte und mag, auch wenn es manchmal befremdlich für den Anderen klingt und auch wenn es bedeutet, eine Grenze zu ziehen. Er: »*Franz ist doch wirklich nett, findest Du nicht auch?*« Sie: »*Finde ich nicht; ihr schweift immer in die üblichen Männergespräche ab. Das ist langweilig.*« Er könnte erwidern: »*Egal, was Du denkst, für mich ist er ein guter Freund.*«

Vielleicht klingt es rau und wenig liebevoll, den geliebten Menschen mit dem Anders-Sein, mit der Absage an die Übereinstimmung zu konfrontieren. Doch wollte man die Differenzen verschweigen, dann würde man nur eine Seite von sich sichtbar machen – diejenige, die gerade passt. Der Blick auf das Ganze würde behindert. Es scheint eine Eigenschaft der Menschen zu sein, die angenehme Seite der Dinge zu betonen und zu versuchen, den damit unweigerlich verknüpften Gegenpol zu verleugnen. Moderne Menschen trainieren Fitness und versuchen, den Verfall des Körpers zu ignorieren, als wäre es möglich, dem Verfall zu entrinnen. Dabei handelt es sich lediglich um einen Aufschub. Sie idealisieren die Jugend und verachten das Alter. Sie feiern das Leben und vergessen den Tod. Ebenso ist die Hinwendung in der Liebe mit Abgrenzung verknüpft, und Letzteres zu leugnen wäre so, als wolle man die Welle ohne Wellental. Ohne Abgrenzung würde die Fähigkeit zur Hinwendung sich selbst unterminieren. Wahre Harmonie entsteht aus der Kombination von Aggression und Liebe – nicht umsonst war der Name der Tochter von Mars und Venus »Harmonia«.

> Übung: *Differenzierung*
>
> Vielleicht möchten Sie dazu folgendes Experiment machen, das auf Milton H. Erickson zurückgeht: Jeder tut allein etwas, was ihm schön oder interessant vorkommt, und an einem anderen Tag tut jeder das, was der Andere schön oder interessant fand. Anschließend tauschen Sie sich darüber aus, wie unterschiedlich Ihre Erfahrungen waren. Dabei können Sie überprüfen, wo Sie gleich empfinden und wo Sie sich trauen, verschiedener Meinung zu sein. Möglicherweise stellen Sie auch fest, dass Sie sich nicht viel zu sagen haben.

Regel 2: Nehmen Sie die Delegation zurück!

Ein Teil der Anziehung zwischen zwei Menschen besteht in der gegenseitigen Vervollständigung. Es passiert dann leicht, dass eine weniger gut ausgebildete Seite an den Anderen abgetreten wird. Oft betrifft das zwei unterschiedliche »Lösungen« zum gleichen Thema: z. B. *Energieverausgabung* kann bei dem einen eher extravertiert (nach außen gerichtet) und bei dem Anderen eher introvertiert (nach innen gerichtet) sein. Das Thema *Kontrolle* kann von dem einen durch Dominanz und vom Anderen durch Kooperation gelöst werden. *Bewertungen* können emotional und rational vorgenommen werden und so weiter. Wenn sich Partner darin ergänzen, ist das zunächst entlastend. Es hat jedoch zwei Nachteile: Es zwingt den Anderen in eine vielleicht ungewollte Verantwortung, und es verhindert die Auseinandersetzung mit eigenen Schwachstellen. Beides ist für die Liebe problematisch.

In den impliziten Beziehungsverträgen ist eine bestimmte Rollenverteilung vorgezeichnet. Betrachten Sie folgendes Beispiel:

Fall 7
Sexfreak: Herr und Frau T. kamen zur Beratung, weil die Frau den sexuellen Appetit des Mannes belastend fand. Für den Mann war seine sexuelle Befriedigung Selbstbestätigung; Freude, die seine Selbstzweifel besänftigte. Für die Frau war es Dominanz, sie kam sich benutzt vor. Es ging ihm auch um die Lust der Frau, aber sie empfand es so, als müsse sie ihm mit ihrem Orgasmus auch noch zusätzlich das Gefühl geben, ein guter Liebhaber zu sein. Der Mann hatte sich seit seiner Jugend im Vergleich mit seinem Bruder als weniger erfolgreich erlebt und war es in den Augen seines Vaters auch. Er hatte, um seine Eigenständigkeit zu wahren, die Karrierevorschläge seiner Eltern in den Wind geschlagen,

es aber dann nicht so weit gebracht, wie sie es sich gewünscht hätten.

Ein unabhängiger Freigeist, der für alles Lösungen fand – und immer alles besser wusste als seine Frau. Sie war religiös, konservativ, in der Geborgenheit einer ländlichen Familie aufgewachsen. Er hatte vieles, was ihr fehlte: kosmopolitische Einstellung, Selbstständigkeit; er fand für alles einen Weg und war dominant – sexuell wie auch in seinen Wertvorstellungen. Sie hatte ebenfalls einiges, was ihm fehlte und was ihm gut tat: Warmherzigkeit, einen schützenden familiären Hintergrund, Romantik und die Fähigkeit, sich, wenn auch widerstrebend, unterzuordnen.

Es sah so aus, als könnten sie sich gegenseitig viel geben: Sie konnte bei ihm an der Emanzipation teilhaben, die für sich zu reklamieren ihr aufgrund ihrer Loyalität zum Elternhaus schwer fiel. Er konnte an ihrer Warmherzigkeit auftanken und zugleich das Gefühl haben, der Überlegene zu sein, was ihm zu Hause versagt blieb. Sie hatte an ihn das »gewusst wie« delegiert und er an sie die Bestätigung »Du bist großartig«. Aber er quälte sie mit sexuellen Ansprüchen, und sie quälte ihn mit Verweigerung, indem sie ihn spüren ließ: »Du bist nicht in der Lage, mich emotional zu erfüllen.«

Tatsächlich war er findig und sicher in seiner Rationalität, sie warmherzig und sicher in ihrer Emotionalität. Da sie beide den Vorsprung des Anderen spürten, überließen sie sich gegenseitig auch den Rest ihrer minderen Seite. Wenn sie sich ein bisschen von der Tüchtigkeit zugetraut hätte, die sie an ihn abgetreten hatte, wäre sie weniger abhängig gewesen und hätte zur Bewahrung ihrer Eigenständigkeit nicht Trotz mobilisieren müssen. Wenn er sich ein bisschen mehr selbst lieben und sich seinen Wert hätte bestätigen können, hätte er nicht seine Tyrannei der Überlegenheit ausspielen müssen, um sich wertvoll zu fühlen.

Aber er hatte diese Wertschätzung und Bestätigung an sie delegiert, sie dagegen an ihn die sexuelle Initiative.

Die Kombination »tüchtiger Mann und gemütvolle Frau« ist in vielen Kulturen ziemlich verbreitet, aber durchaus nicht angeboren. Betrachten wir folgendes Paar:

Fall 8:

Einzelkämpferin – Familientier: Sie ist Sparkassenleiterin, war selbst Einzelkind, ist etwas älter als er und bringt ein Kind aus erster Ehe mit. Ihren Vater und den ersten Mann hatte sie als zudringliche, egoistische Machos erlebt und gelernt, sich abzugrenzen. Auf einer Reise durch Lateinamerika, die sie allein unternommen hatte, war sie vergewaltigt worden. Er ist Künstler und stammt aus einer kinderreichen Familie, in der immer alles gemeinsam beredet wurde. Da aber fünf Kinder da waren, hat er gelernt, um seinen Platz zu kämpfen und nicht locker zu lassen, bis er die gewünschte Aufmerksamkeit erhält. Er bringt viel Warmherzigkeit in die Beziehung, aber möchte seine Frau gern auch einmal einen Urlaub lang allein für sich haben. Sie findet, er kümmert sich nicht genug um ihr Kind, das für sie an erster Stelle steht.

Sie delegiert das Aufeinanderzugehen an ihn, er die Abgrenzung und Distanz an sie. In der Eskalation des Streites setzt er ihr nach – was sie verrückt macht, denn ihre größte Angst ist es, dass ihr persönlicher Freiraum verletzt wird. Sie zieht sich in ihr Zimmer zurück – was ihn verrückt macht, denn seine größte Angst ist, nicht gehört zu werden.

Es ist so, als würde sie signalisieren: Wenn Du meinen Freiraum respektierst, werde ich die Angst verlieren, dass meine Grenzen verletzt werden. Und er: Wenn ich sicher sein kann, dass Du mich anhörst, kann ich abwarten, bis Du dich mir zuwendest. De facto tritt das Gegenteil ein: *Ich entziehe mich, weil Du mir nachsetzt*, sagt sie, und er antwortet sinngemäß: *Ich setze dir nach, weil Du dich mir entziehst.* Wenn sie die Zuwendung und er die Abgrenzung ein wenig mehr selbst übernehmen würde, könnten beide mehr von ihrer Liebe spüren.

Häufig nimmt die Delegation Züge einer skurrilen und trotzdem belastenden Rollenverteilung an. Betrachten wir den Fall 5.

Fall 5
Aschenputtel – Prinz: Der Streit entsteht meist darüber, dass er nicht verstehen kann, warum sie sich so abrackert; und sie findet, dass er sie im Stich lässt, weil ihm sein Wohlergehen vorgeht und die Pflichten an zweiter Stelle kommen. Entsprechend macht er das, was er an Pflichten übernimmt, in ihren Augen auch nie gut genug. Er sagt dann: »Wenn ich es dir eh nicht recht mache, kann ich es auch gleich ganz lassen.« Und sie sagt: »Deshalb verlasse ich mich erst gar nicht auf Dich und mache es lieber selbst. (Du wirst schon sehen, wie schlecht es mir dann geht).« Beide sind aufeinander ärgerlich. Sie mutiert also im Streitfall zur Meckerziege und er zum egoistischen Trottel.

Der stille Vertrag, der die Überwindung der Delegation enthält, könnte lauten:

> Impliziter Vertrag
> Er: Wenn Du mich aus der Rolle entlässt, für Dein Wohlbefinden zu sorgen (wie für das meiner Mutter), ohne dass ich ein schlechtes Gewissen haben muss, dann kann ich erwachsen werden und Verantwortung übernehmen.
> Sie: Wenn ich Deines Wohlwollens ganz sicher sein kann, auch wenn ich faul bin, dann bin ich geheilt und muss mich nicht mehr überarbeiten, um das Gefühl zu haben, etwas wert zu sein.

Er delegiert die letzte Überprüfung der kleinen Dinge im Haushalt (die Verantwortung) häufig an sie, und sie gibt die Anleitung zum Wohlbefinden an ihn ab. Die Rücknahme der Delegation bestünde darin, dass er sagt: Ich übernehme Verantwortung für ein paar der Dinge im Haushalt, auch wenn ich es dir nicht ganz recht mache. Und sie müsste sagen: Ich lasse es mir gut gehen und überlasse dir ein paar der kleinen Dinge im Haushalt. Beide müssen eine gewisse Toleranz entwickeln. Er: dass sie ihn kritisiert, da er es nicht hundertprozentig richtig macht, und sie muss vor sich selbst tolerieren, dass sie egoistisch für ihr Wohlbefinden sorgt, ohne ein schlechtes Gewissen zu haben.

Die Beispiele mögen schematisiert und vereinfacht erscheinen, und sie sind es auch. Menschen und ihre Beziehungen sind viel komplizierter. Aber wiederkehrende Konflikte erodieren die Beziehung wie ein Unwetter den entwaldeten Berg. Daher lohnt es sich, nach solchen Mustern zu suchen, sie zu überprüfen und wenn nötig zu korrigieren. Im Grunde heißt es, Verantwortung und Fürsorglichkeit für sich selbst zu übernehmen, und nicht zu hoffen, dass der Andere mir etwa erspart, mich mit meinen Schwachstellen auseinanderzusetzen.

So heiratet der Alkoholiker den Ko-Alkoholiker, um sich retten zu lassen, und der Ko-Alkoholiker heiratet die Gelegenheit, im Anderen das zu verachten, was er an sich selbst fürchtet und zurückdrängt – sein eigenes Suchtpotential und den damit verbundenen Kontrollverlust. Wenn der Alkoholiker seine Rettung selbst in die Hand nimmt und der Ko-Alkoholiker seine Angst vor der Sucht überwindet, wäre die Verachtung aus der Beziehung beseitigt.

Die Delegation herauszufinden ist nicht einfach. Es steckt dahinter ein kindlicher Wunsch, vom Anderen gerettet zu werden, den der Andere zunächst gern erfüllt, weil er sich damit oft

Selbstwert, Freiheit oder Bequemlichkeit erkauft. Um die damit verbundene Angst zu vermeiden, wird die Auseinandersetzung mit einem gemeinsamen Thema umgangen, für das die Partner eine entgegengesetzte Lösung gefunden haben. Der Mann mit den schweren Beinen (Fall 1) delegiert an seine Frau die Sorge für Geborgenheit und sie an ihn den Schutz vor Sexualität. Ihr gemeinsames Thema ist Aggression, das sie auf diese Weise vermeiden können. Beim Paar mit dem Knebelvertrag (Fall 3) verlangt der Mann von der Frau das Vertrauen, das er selbst nicht hat, und sie überlässt ihm jegliche Kontrolle, für die sie sich zu schwach fühlt. Ihr gemeinsames Thema ist der Umgang mit dem Unrecht, das beide erlitten haben.

Das Paar von Fall 5 regelt die Arbeitsteilung so, dass sie (Aschenputtel) ihm die Verantwortung für das Wohlbefinden und er (Prinz) ihr die Verantwortung für die Ordnung überlässt. Ihr gemeinsames Thema ist das Leiden, das sie nicht scheut und er fürchtet. Der Heiratsflüchter (Fall 6) überlässt seiner Frau die Sorge für den Zusammenhalt, sie ihm die Herstellung der Distanz. Ihr gemeinsames Thema ist die Beachtung, von der er nicht zu viel, sie aber mehr möchte. Die Frau mit der Fischgräte (Fall 2) überlässt ihrem Mann die Selbstständigkeit und er ihr die Treue. Ihr gemeinsames Thema ist die Kontrolle.

Die Fragen in der nächsten Übung können helfen, sich dem Thema der Delegation anzunähern. Wenn die Aufhebung der Delegation gelingt oder zumindest teilweise gelingt, ist das wie eine Befreiung. Man liebt den Anderen nicht mehr, weil man ihn braucht, sondern weil es einfach schön ist, ihn zu lieben.

Übung: *Delegation*

1) Suchen Sie ein häufiges Streitthema:

....

2) Stellen Sie fest, was dabei am Anderen enttäuschend ist.

Ihn enttäuscht: ....

Sie enttäuscht: ....

3) Welche Ängste schwingen dabei mit?

Seine Angst: ....

Ihre Angst: ....

4) Wie hängen ihre und seine Angst zusammen?
Finden Sie das gemeinsame Thema dieser Ängste heraus:

....

5) Was unterscheidet Sie beide in der Art, das Thema anzugehen?

....

6) Was delegiert dabei jeder gern an den Anderen?

Er an sie: ....

Sie an ihn: ....

7) Tauschen Sie teilweise oder zeitweise die Rollen.

Regel 3: Erlauben Sie den Groll und begrenzen Sie ihn!

Durch kleine Enttäuschungen, Nachlässigkeiten und Unvereinbarkeiten in der Beziehung sammelt sich immer emotionaler Müll an. Diese Hobelspäne des Alltags müssen entsorgt werden, damit sie die Liebe nicht vergiften. Das geschieht durch den gerechten Zorn. Problematisch ist dabei, dass sich manchmal, aufgesattelt auf die momentane Empörung, alter Groll Bahn bricht, der von vergangenen Kränkungen herrührt – womöglich gar aus anderen Beziehungen. Diesen Anteil unreflektiert auszuagieren, stellt eine erhebliche Belastung für die Liebe dar.

Keine Angst vor Krach. Es heißt, man kann sich nur so nahe kommen, wie man es wagt, sich voneinander zu entfernen. Das wird in Fall 1 (Schwere Beine) deutlich, wo die Sexualität unterging, weil keine Abgrenzung stattfand. Immer sammelt sich in der gemeinsamen Bewältigung des Alltags Groll an. Jeder übersieht mal etwas, lässt den Alltagsfrust am Anderen aus oder tut ihm weh; der Andere fühlt sich vernachlässigt oder ausgebeutet – das ist es, was mit »Hobelspänen« des Zusammenlebens gemeint ist. Wenn Sie sich als Opfer einer solchen Misshandlung fühlen, dann schreien Sie Ihre Empörung raus – so wie Sie sich auch beim Orgasmus nicht bremsen sollen, vor Freude oder Wehmut zu schreien. Aber es gehört noch ein Weiteres dazu: zu lernen, den Ausbruch des Zorns zu begrenzen, dann kann er wie ein reinigendes Gewitter sein.

Aber seien Sie auf der Hut. Es kann sein, dass sich mit dem akuten Groll ein Schmerz Bahn bricht, der aus anderen Zeiten stammt und mit dem gegenwärtigen Anlass oder dem Partner wenig zu tun hat. Es ist ein Schmerz, der schon lange auf eine Gelegenheit gewartet hat, sich Ausdruck zu verschaffen. Lernen Sie das zu unterscheiden. Es muss der spontane Groll über eine momentane Frustration oder Überlastung getrennt werden vom Giftmüll aus dem Keller der Biografie.

Über den heilsamen Streit ist viel geschrieben worden: *Streiten verbindet* heißt ein populäres Buch von George Bach und Peter Weyden. Es geht wie bei den beiden vorangehenden Regeln um Differenzierung. Durch die gelegentliche Reinigung der Atmosphäre wird verhindert, dass sich Unrat zwischen Partnern ansammelt, der die Liebe belastet. Das hat der Verhaltenspsychologe John Gottman in vielen sorgfältigen empirischen Untersuchungen nachgewiesen.

Er fand in Längsschnittstudien, dass Paare, die Auseinandersetzungen nicht aus dem Wege gehen – er nennt sie *impulsive Paare* – mit größerer Wahrscheinlichkeit zusammenbleiben. Es gilt dabei eine Faustregel, wie oft solche aggressiven Entladungen vorkommen sollen: Streitentladungen sollen im Verhältnis eins zu fünf zu positiven Kontakten wie Freude, Humor, Sex, gemeinsamen Unternehmungen und so weiter stehen. Insbesondere haben Paare eine sehr gute Chance, ihre Beziehung zu erhalten, wenn sie den Zorn begrenzen können, wenn ihre Herzfrequenz dabei um nicht mehr als zehn Schläge pro Minute steigt, das heißt, dass Eskalationen vermieden werden können. Im Vergleich dazu haben die *hemmungslos Feindseligen*, die nicht aufhören können, sich gegenseitig niederzumetzeln, sowie Paare mit *Rückzugstendenzen*, die dem Streit aus dem Wege gehen, eine klar negativere Prognose. Allerdings halten es auch *Beschwichtiger*, die jeden Aggressionsausdruck vermeiden und ihn in konstruktive Kommunikation zu transformieren suchen, nach Gottmans Befunden lange miteinander aus; ob sie dabei nahe und herzlich sein können, darüber wissen wir nichts.

Regel 3 enthält die gleiche Weisheit wie Regel 1. Es ist dieselbe Wellenmetapher: Man kann nicht nur den Wellenberg haben, das Tal kommt bestimmt. Zwar kann man wie ein Surfer versuchen, mit viel Kunstfertigkeit möglichst lange am Wellenberg des Friedens und der Nähe zu bleiben, aber jeder Surfer sinkt irgendwann ins Wellental. Ebenso kommt die Distanzierung irgendwann vorübergehend wieder. Die Weisheit lautet demnach: Seien Sie ein guter Surfer und fallen Sie mit Würde ins Wasser.

Man könnte auch sagen, die Liebe befreit niemanden von der Aufgabe, Krieger zu sein – zumindest in unserer Kultur. Aber uns ging wohl der sinnstiftende Nutzen der klassischen Mythologie verloren: Die Vorherrschaft von Mars, dem blindwütigen Gott der Zerstörung, ist in unserer Kultur so ausgeprägt, dass Venus, seine ausgleichende Schwester, bei der Konfliktregelung zu kurz kommt.

Wir haben schlechte Vorbilder in den Medien. Entweder wird die Liebesromantik süßlich ausgewalzt, oder die Gewalt wird schamlos, bis zum Exzess der Rohheit, in Film und Fernsehen dargestellt. Der Voyeurismus der Zerstörung wird allen ermöglicht – sogar Kindern; der Voyeurismus der Sexualität ist den Männern in der Heimlichkeit der Pornografie vorbehalten. Nicht, dass Frauen keine Pornos ansehen wollten, aber die üblichen Pornos sind meist für sie nicht attraktiv, weil sie lediglich die Dominanz der Männer widerspiegeln. Was fehlt, sind Modelle, die zeigen, wie Nähe und Distanz sich in natürlicher Weise regeln können. Um zu erproben, wie man dem Groll-Ausdruck einen Rahmen geben kann, machen Sie folgende Übung, in der Sie sich an drei Regeln halten:

> **Übung:** *Reinigendes Gewitter*
>
> Wählen Sie etwas, das Sie aktuell an Ihrem Partner ärgert, und äußern Sie es frei von der Leber weg.* Beachten Sie dabei drei Regeln:
>
> 1) Legen Sie zuvor fest – oder noch besser: Finden Sie selbst heraus, was den Anderen hilflos macht, und streichen Sie es aus Ihrem Arsenal (s. Regel 4).
> 2) Begrenzen Sie die Schlacht auf wenige Minuten, und vermeiden Sie den Blutrausch, der dadurch entsteht, dass aufgestaute Dinge sich Huckepack mitentladen und die jedem vertraute Killerenergie mobilisieren.
> 3) Machen Sie eine Pause von 45 Minuten, bevor Sie wieder zusammentreffen. So lange braucht es, bis der Zorn verraucht ist, bis also die Erregung wieder auf Normalniveau zurückgekehrt ist. Bedanken Sie sich anschließend beim Anderen dafür, dass er Ihr »Donnern« ausgehalten hat.
>
> * Wenn Sie Sinn für Humor haben, dann nehmen Sie jeder ein Sofakissen und unterstreichen jeden Satz mit einem Kissenschlag auf Knie oder Rücken des Anderen.

Regel 4: Schützen Sie die Wunden des Anderen!

Jeder hat im Laufe seines Lebens sensible Stellen entwickelt, die er, so gut es geht, zu schützen versucht. Wenn in einer Auseinandersetzung eine solche verwundbare Stelle berührt wird, greift der Betroffene reflexartig zum Selbstschutz – oft ohne Rücksicht auf Verluste. Dabei trifft er erstaunlicherweise meist zielgenau auf die sensible Stelle des Anderen, der dann ebenfalls treffsicher und verletzend pariert. Das endet dann in gegenseitigen Kränkungen, die auf das Grollkonto gehäuft werden und langfristig die Beziehung zermürben. Liebe heißt, den Anderen sehen können – auch seine empfindsamen Seiten. Der Liebe kann man dadurch Ausdruck verleihen, dass man die Schwachstellen des Anderen nicht unnötig strapaziert. Dadurch wächst das Vertrauen.

Jeder trägt verletzte Teile in sich, die immer empfindlich bleiben werden. Wegen des Anteils in der Liebe, der auf die neurotische Passung zurückgeht, sucht man sich gern einen Partner, der die Sensibilität hat, eigene Verletzungen aufzuspüren. Pessimistisch könnte man vermuten, das geschehe aus einem Wiederholungszwang heraus, um Gewohntes zu erleben; oder optimistischer gewendet: in der Hoffnung, geheilt zu werden beziehungsweise Schonung zu erfahren. Es ist wie mit Siegfrieds verwundbarer Stelle am Rücken: Kriemhild verriet sie Hagen, damit er sie schützen sollte. Doch was dann geschah, war das Gegenteil. Im Krisenfall wird nämlich der Überlebensinstinkt mobilisiert – man könnte geradezu vom Reptil in mir sprechen – und trifft den Anderen zielgenau an seiner empfindlichen Stelle, die durch den impliziten Vertrag dem Partner als zu rettender oder zumindest als zu schonender Teil bekannt ist.

Im Streit wird die Hoffnung, geschont oder gerettet zu werden, enttäuscht, und dann kann mein intimster Partner zum ärgsten Feind werden. Jeder fährt seine Feuerwehr auf, wie der Familientherapeut Richard Schwartz in seinem Buch über die innere Familie von Persönlichkeitsanteilen es nennt. Damit soll die geängstigte Seele vor dem Untergang gerettet werden. Die Feuerwehr zielt auf den verletzbaren Teil des Anderen und setzt ihn schnell außer Gefecht. Im Falle des Sexfreaks (Fall 7) tyrannisiert der Mann seine Frau, indem er über sie bestimmen will, und sie reagiert mit Verweigerung. Er fühlt sich abgewertet, und sie erschrickt vor der emotionalen Kälte hinter seinen

Sexforderungen. Seine Tyrannei und ihr Trotz sind die Feuerwehren, die aufgefahren werden, um bei ihm die Wertlosigkeit und bei ihr die Unselbständigkeit zu schützen.

Die Delegation und die Feuerwehr sind zwei Seiten des verletzten Kindes, das hofft, in der Liebe seine Wunden kuriert zu bekommen. Die Rettung des verletzten Teils wird dem Anderen überlassen, als wäre die Hoffnung aufgegeben worden, die Wunde selbst schließen zu können. Die Feuerwehr ist der Groll, die Killerenergie aus den Zeiten des drohenden Untergangs, die mobilisiert wird, wenn die erhoffte Rettung ausbleibt. Dadurch eskaliert die Auseinandersetzung, und häufig droht sie dann, sich in ein seelisches Blutbad zu verwandeln. Der Rettungswunsch und die Zerstörungswut – beides dezimiert die Liebe. Noch ein paar Beispiele:

Fall 3
Knebelvertrag: Sie bleibt länger als eine Stunde beim Einkaufen; Verzögerung ist ihre Feuerwehr, um sich seiner Kontrolle zu entziehen. Er gerät in Panik, sie könnte mit seinem Geld geflohen sein, denn seine Schwachstelle ist der Verlust der Kontrolle und die Angst, betrogen zu werden. Er staucht sie zusammen (seine Feuerwehr), als sie zurückkommt. Sie bricht angesichts der Drohungen in Tränen aus – wie früher vor ihrem missbräuchlichen Bruder, denn Ohnmacht gegenüber Einschüchterungen ist ihre Schwachstelle. Sie kennt seine paranoide Seite und hätte von unterwegs anrufen können. Und wenn er von dem Missbrauch durch ihren Bruder wissen würde, hätte er ihr seine eigenen Ängste eingestehen können, statt ihr zu drohen.

Fall 6
Heiratsflüchter: Sie wirft ihm vor, nicht loyal zu sein (er hatte sein Handy ausgeschaltet: seine Feuerwehr); er verweigert jede Erklä-

rung (»hab ich doch nicht nötig«) und wird wütend. Sie fühlt sich bestätigt und wird ebenfalls wütend (»Du liebst mich nicht, betrügst mich ...«). Ihr Schützling, ihre sensible Stelle, ist die Angst, unwichtig zu werden, und ihre Feuerwehr ist die Verdächtigung. Die trifft seinen Schützling: die Angst vor Bloßstellung. Wenn er berücksichtigen würde, dass ihre Angst vor dem Zerbrechen der Familie in ihrer Kindheit begründet war (auch ein Schützling von ihr), könnte er Bescheid sagen, dass er in einer Besprechung ist und das Handy ausschaltet. Und sie könnte sagen, wie sehr sie besorgt ist, ob er sie auch wirklich liebt, und ihm etwas mehr Vertrauen entgegenbringen, wenn sie berücksichtigen würde, wie demütigend es für ihn früher war, von seinem Vater bloßgestellt zu werden.

Fall 8
Einzelkämpferin – Familientier: Er hört nicht auf, in sie zu dringen (seine Feuerwehr), wann sie nun endlich Zeit für ihn hat, und sie antwortet, er solle sie in Ruhe lassen und entzieht sich (ihre Feuerwehr). Ihre Schwachstelle ist die Angst vor der Verletzung ihrer Grenzen, seine Schwachstelle ist die Angst, übersehen zu werden. Er ist in Panik, und sie ist genervt. Wenn beide die Vorgeschichte des Anderen verstünden, könnte er stattdessen fragen: *Kann ich mit Dir noch einmal darüber reden?* Und sie könnte sagen: *Ja gern, aber später.*

Die Entgleisung, die beginnt, wenn die Paare die Ebene der Verhandlung verlassen, hat der Hakomi-Therapeut Halko Weiss die Streitacht genannt. Sobald seine verwundbare Stelle, sein Schützling, verletzt wird, greift der Betroffene zur Feuerwehr und schießt eine Breitseite auf den Schützling des Anderen. Der kontert seinerseits mit der eigenen Feuerwehr, und es kommt zur vertrauten Eskalation. Wenn das zum Dauerbrenner wird, ist es eine Form dessen, was Gerald Patterson, wie schon erwähnt (vgl. oben S. 112), den Zwangsprozess genannt hat.

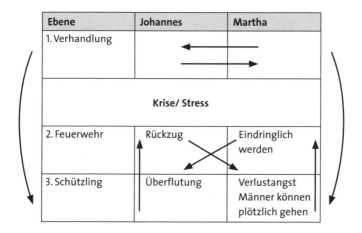

Abbildung 6: Streitacht nach H. Weiss: Die Drei Ebenen der Streitkommunikation Wenn im Streit der verletzbare Teil (Schützling) eines Partners berührt wird – hier Überflutung bei ihr und Angst, nicht gehört zu werden bei ihm –, dann mobilisiert jeder seine Feuerwehr – bei ihr Rückzug und bei ihm Insistieren –, und so verletzt jeder reflexartig immer wieder den Schützling des Anderen.

Manche Paare haben das Problem der Eskalation nicht, weil sie Aggression vermeiden – wie im Fall 2 (Fischgräte) oder 1 (Schwere Beine). Das ist aber keineswegs gesünder, wie schon klar geworden sein dürfte. John Gottman hat die vier häufigsten destruktiven Tendenzen im Streit als »Apokalyptische Reiter« beschrieben. Nach seinen Untersuchungen ist der Niedergang der Beziehung in bedrohliche Nähe gerückt, wenn der Einsatz dieser vier Feuerwehren zum Dauerzustand wird:

Verletzung: Die Killerenergie der Feuerwehr tobt sich in unkontrollierter körperlicher Gewalt oder Verbalinjurien aus.

Verachtung: Der eine spricht dem Anderen verächtlich die volle Menschenwürde ab (»Du kriegst es nie auf die Reihe«, »Du bist derselbe Trottel wie mein Vater es war«).

Verleugnung: Der eine tut chronisch so, als gäbe es kein Problem, obwohl der Andere sich beklagt (»Ich weiß gar nicht, was Du hast, ist doch alles ganz in Ordnung; Du solltest mal zum Psychiater gehen«).

Rückzug: Einer geht dem Anderen aus dem Weg, statt die Beziehung zu klären, und zieht sich in etwas anderes zurück, zu dem der Andere keinen Zugang hat (Arbeit, Alkohol, Außenbeziehung).

Wenn ich mich stattdessen darauf besinne, dass ich den Anderen liebe, dass ich ihm meine Fürsorge schenken will, und dass ich ihn schonen möchte, dann hat die Liebe eine Chance. Das wird dann durch die Revision der Erwartungen an den Anderen zu einer Verbesserung der Beziehung führen und zu einer Befreiung aus der neurotischen Klammer. Wenn man den Gesichtspunkt der Schonung aber zu weit treibt, bleibt vermutlich die Intimität und die Leidenschaft auf der Strecke. Eine Balance von Regel 3 und 4 ist die Lösung. Schonung allein reicht nicht aus, um glücklich zu sein.

Es ist klar, dass diese Regel leichter zu befolgen ist, wenn man den impliziten Vertrag schon revidiert hat. Es mag auch deutlich geworden sein, dass die Fähigkeit oder Bereitschaft, so miteinander zu reden, mit einem Begriff aus der Kommunikationspsychologie[31] verwandt ist, den man *nicht-anklagende Kritik* nennt. Es handelt sich dabei um das Prinzip, nicht nur anzuklagen, sondern auch zu sagen, warum ich an diesem Punkt so (über-)empfindlich bin. Das nimmt dem Angriff die Schärfe, und der Anklagende verzichtet gleichzeitig in einem gewissen Ausmaß auf seine eigene Immunität. Stattdessen kommt es im Rausch des Kampfgetümmels beiden meist so vor, als müssten sie gar nichts erklären und als sei die eigene Position doch die selbstverständlichste von der Welt und die des Anderen völlig unzumutbar.

Auch in der Regel 3, bei der Grollabfuhr, sollten die Teile Schützling und Feuerwehr ausgespart werden. Wenn ich meine eigenen Schwachstellen besser kennen gelernt habe, ist es auch leichter, auf den reflexartigen Einsatz meiner Schutztruppen zu verzichten. Sollte es im Streit doch zu Verletzungen gekommen sein, dann üben Sie sich im folgenden Verzeihungsritual, in dem versucht wird, den feindseligen Akt als Reflex zur eigenen Rettung begreiflich zu machen. Mit diesem Ritual können auch alte Verletzungen bearbeitet werden: etwa zurückliegende Fälle von Untreue; Abtreibung und körperliche Gewalt. Die Verzeihung kann auch an Bedingungen geknüpft werden, um glaubhaft gewährt werden zu können.

> Übung: *Verzeihungs-Ritual*
>
> Wenn ein Partner (B) bemerkt, dass er den Anderen (A) verletzt hat, kann er ihn bitten, mitzuteilen, was ihn geschmerzt hat.
>
> Der verletzte Partner A formuliert dann:
> A: Es hat mich verletzt, als Du ....
>   Für mich war das ....
>   Ich fühlte mich dadurch ....
> Darauf nimmt Partner B dazu Stellung:
> B: Ich erkenne Deinen Schmerz an.
>   Ich wollte Dich nicht verletzen.
>   Ich wollte für mich erreichen, dass ....
>   Ich wollte mich schützen vor ....
>   Ich bitte Dich um Verzeihung.
>
> Partner A verzeiht, wenn er kann, oder er formuliert die Bedingungen dafür.

Regel 5: Geben Sie der Liebe einen Raum!

Dieser Punkt ist praktischer Natur, fast technisch. Jede Liebe verödet, wenn sie nicht gelebt, ausgelotet, erweitert, revidiert wird. Das erfordert gemeinsame Zeit, gemeinsame Erlebnisse und Aktivitäten: Erfahrungen, bei denen man sich gegenseitig begleiten, über die man sich austauschen und dabei neue Seiten des Anderen entdecken kann.

Deutsche Paare reden angeblich nicht mehr als 9 Minuten täglich miteinander. Es ist kaum zu erwarten, dass dabei eine Liebesbeziehung gedeihen kann – jedenfalls nicht im Sinne von Regel 7 der fortgesetzten Neugier auf den Anderen (s. u.). In Zeiten der Not ist die Lage manchmal so angespannt, dass nur für den allernötigsten Informationsaustausch Zeit bleibt – im Krieg zum Beispiel oder auf der Flucht. Dann können auch kurze Momente jede Art von intensivem Gefühl zulassen. Aber die meisten Liebespaare sind nicht auf der Flucht, es sei denn vor sich selbst. Wenn die Beschränkung auf das Funktionale zum Dauerzustand wird, hat die Liebe keine Chance. In dieser Hinsicht ist Liebe ein gewisser Luxus.

Es ist auch nicht so sehr die Zeit an sich, sondern die Bedeutung, die man der Beziehung durch das Zusammensein gibt: Wenn alles andere wichtiger ist, was bedeutet uns dann noch die Liebe? Die Zeit ist also ein Indikator für die Bedeutsamkeit der Beziehung. Alles, was die bisher genannten Regeln beinhalten, ist: sich miteinander auseinanderzusetzen. Natürlich kann man einwenden: Die Beziehung kommt an zweiter Stelle – erst kommt die Sicherung der Existenz. Aber sehen Sie es doch einmal anders herum. Wenn Sie voll beschäftigt sind und leider nicht mehr viel Zeit für die Familie bleibt, können Sie dann noch sicher sein, dass Sie überhaupt überprüfen möchten, ob es

Ihnen etwas gibt, mit dem angeblich geliebten Menschen Zeit zu verbringen? Vielleicht sind Sie sogar froh, eine Entschuldigung dafür zu haben, dies nicht genauer unter die Lupe zu nehmen.

Es kann viele Gründe geben, als Zweckgemeinschaft zusammen zu bleiben, wenn Sie nicht mehr spüren, dass Sie den Anderen lieben. Doch das ist vergeudetes Leben. Ich würde ernsthaft in Frage stellen, ob Gott uns die seltene Gunst der permanenten sexuellen Lust bis ins hohe Alter geschenkt hat, um die Liebe zu einer Wohngemeinschaft degenerieren zu lassen.

Wenn Sie also das Gefühl haben, Liebe sei ein wichtiger Teil Ihres Lebens, und Sie wollen ihr einen Platz geben, dann müssen Sie ihr auch Raum und Zeit zur Verfügung stellen. Wie wäre es also für den Anfang mit einer halben Stunde für Sie, wenn die Kinder im Bett sind? Oder mit einem Abend pro Woche für Sie zwei und einen gemeinsamen Abend pro Woche mit Freunden? Und dann einen Tag für die ganze Familie ohne Pflichten? Liebe besteht aus Berührungen des Körpers, der Gefühle, der Gedanken und der Seele; sie finden statt, wenn es dazu Gelegenheiten gibt.

Treffen Sie Freunde, dann werden Sie hinterher über die Freunde reden – falls Sie Zeit dazu haben und nicht todmüde oder betrunken ins Bett fallen. Wenn Sie gemeinsam ins Kino gehen, werden Sie hinterher darüber reden und die Gemeinsamkeiten und Differenzen ausloten, die sich in Ihren Meinungen über den Film finden, falls Sie Zeit haben, danach in einer Bar beim Cocktail oder zuhause darüber zu reden.

Sie können sich morgens Ihre Träume erzählen, gemeinsam am Wochenende eine Fortbildung machen, vielleicht scheint es Ihnen das passende Abenteuer, gemeinsam einen Swinger-Club zu besuchen oder eine von hundert anderen gemeinsamen Aktivitäten wie Fahrradtouren, Konzerte, Tennis spielen,

Bergwandern, Tanzkurse, Reisen ... Vieles davon können Sie natürlich auch mit den Kindern oder Freunden zusammen unternehmen – vorausgesetzt, es bleibt Ihnen noch Zeit, um zu zweit darüber zu reden.

Sozialpsychologen betrachten Liebes-Beziehungen als eine Art Tauschgeschäft.[32] Danach bleibt eine Beziehung gefestigt, wenn die Alternativen außerhalb der Beziehung weniger attraktiv erscheinen (*Vergleichswert*). Dafür können Sie etwas tun. Allerdings reduziert sich der Tauschwert bei Beziehungen häufig auf die Vermeidung von Verlusten, die im Fall der Trennung in Kauf genommen werden müssten: Verschuldung, Zugewinnausgleich, Unterhaltszahlungen, Schädigung der Kinder, wenn die Eltern sich trennen usw. Wenn ich alt, gebrechlich, finanziell abhängig oder durch materielle Investitionen oder Kinder an den Partner gebunden bin, bleibe ich eher in der Beziehung – zur Schadensbegrenzung. Wie gut ein solches Negativkonto funktioniert, zeigen die traditionellen Heiratsriten vieler Völker, die darauf angelegt sind, den Bestand der Ehe zu garantieren: Die Hochzeit findet unter großer Verschuldung, mit Brautgeschenken der Schwiegereltern und in der Öffentlichkeit statt, sodass eine Auflösung blamabel und schwer zu verantworten ist. Diese Art von Tauschwert dient sicherlich der sozialen Stabilität, ist jedoch kaum geeignet, Liebe lebendig zu machen, die ein Kind der Freiheit ist. Vielmehr resultieren eher Ressentiments daraus, durch solche Umstände aneinander gekettet zu sein.

Die genannten sozialpsychologischen Forscher meinen weiter, dass eine Beziehung attraktiv bleibt, wenn beide Partner in der Lage sind, sich gegenseitig zu belohnen (*Reziprozität*), anstatt sich gegenseitig durch Klagen, Jammern, Drohung und Kritik zu nerven und sich gegenseitig aversiv zu kontrollieren. Wenn sich so ein negativer Zwangsprozess erst einmal eingependelt hat, ist er, wie schon erwähnt, enorm stabil, weil keiner freiwillig einen Vorschuss des Wohlwollens geben mag. Aber auch die gegenseitige positive Zuwendung hat – glücklicherweise – eine Tendenz zur Stabilisierung, wenn sie ein bestimmtes Ausmaß erreicht hat. Wenn mir etwas einfällt, was meine Liebste erfreut, werde ich durch ihre Freude belohnt und umgekehrt. Dabei gilt es, Regel 1 zu beachten: keine Gefälligkeits-Urteile. *(Wie schön, dass Du mir Rosen mitgebracht hast. Aber gelbe mag ich nicht. Das nächste Mal bitte rote.)* Es trägt sehr zum Verkehrswert einer Beziehung bei, wenn die positiven Transaktionen die negativen im Verhältnis fünf zu eins überwiegen (siehe Regel 3).

Derartige Gesichtspunkte zur positiven Bilanz des Beziehungskontos treffen zum großen Teil auch auf geschäftliche und andere gutartige soziale Beziehungen wie Freundschaften zu. Sie garantieren keine Liebe, können aber zur Stabilisierung beitragen. Auch Liebesbeziehungen werden von Gesichtspunkten des Vorteildenkens mitbestimmt, wie der Soziologe Mees herausgefunden hat: dass viele Menschen nämlich vom Partner am liebsten mehr Liebesbeweise hätten, als sie selbst zu geben bereit sind. Eine solche Einstellung entspricht dem prä-konventionellen Bewusstsein (siehe Kapitel 17) des Opportunismus und hat mit jener Liebe nicht viel zu tun, die hier als Motiv beschrieben wird, das Menschen über sich hinauswachsen lässt.

Es ist nicht die technische Beherrschung der Beziehungsmechanik durch einen günstigen Vergleichswert, Gegenseitigkeit und Kontenausgleich, die für die Liebe unabdingbar ist. Im Gegenteil: In Liebesbeziehungen zahlt im Allgemeinen immer einer drauf. Liebe kann man nicht aufrechnen, wie der Heidelberger Paartherapeut Arnold Retzer sagt. Aber Liebe muss irgendwo stattfinden, und dafür hat dann etwas anderes keinen

Platz mehr. Viele Menschen glauben im Stillen: Später werde ich dazu kommen. Aber das ist ein Irrtum; das *Später* findet nicht statt. Leben ist nicht aufschiebbar, und Liebe noch viel weniger. Was Du eigentlich tun möchtest, tu es jeden Tag, jede Woche ein bisschen. Und sage nicht, ich würde, möchte oder will. Sage: Ich werde es tun.

Schließlich ist es gut, manche Dinge allein für sich zu beanspruchen und dann dem Anderen darüber berichten zu können, wie in Regel 1 am Ende beschrieben wurde: eine Reise, ein Training, einen eigenen Freundeskreis ... Es ist ein Fehler, alles zusammen zu machen, in der Hoffnung die Gemeinsamkeit zu stärken. Differenzierung (Regeln 1 und 2) heißt, Anspruch auf eine eigene Lebenswelt zu haben, in der Mann und Frau ihre männliche und weibliche Energie auftanken können. Und der Austausch darüber schafft neue Erfahrungen der Intimität.

Anhand der folgenden Aufstellung können Sie überprüfen, wie viel Raum Sie ihrer Liebe geben. Im Sinne der ausgewogenen Balance ist es gut, wenn jeder genug Zeit für sich hat – allein oder mit Freunden –, um Anregungen zu sammeln und dann neue Anstöße in die Beziehung zu bringen.

> Übung: *Raum für die Liebe*
>
> Machen Sie zunächst eine Aufstellung von zehn Dingen, die Sie gern gemeinsam machen, und von zehn Dingen, die Sie gern für sich allein tun.
> Machen Sie dann eine Aufstellung mit folgenden Zeitfenstern:
>
> 1. Eine halbe Stunde täglich miteinander ohne Kinder.
>   Wann: ... Uhr. Was tun Sie miteinander: Spazieren gehen,

> Träume erzählen, vorlesen, kochen, spielen, Sport, meditieren ...? (Nicht fernsehen!)
> 2. Wenn Kinder da sind: Was unternehmen Sie gemeinsam mit den Kindern?
> 3. Einen Abend pro Woche miteinander zu zweit ohne Kinder.
>   Welcher Wochentag: Mo – Di – Mi – Do – Fr – Sa – So
>   Was tun Sie an Ihrem gemeinsamen Abend:
>   Kino, Fernsehen, Restaurantbesuch ...?
> 4. Einen Abend pro Woche miteinander mit Freunden verbringen.
>   Welcher Wochentag: Mo – Di – Mi – Do – Fr – Sa – So
>   Was tun Sie an Ihrem Abend mit Freunden:
>   Einladen, eingeladen werden, gemeinsam ausgehen ...?
> 5. Einen Abend pro Woche jeder für sich, allein oder mit eigenen Freunden.
>   Welcher Wochentag: Mo Di Mi Do Fr Sa So
>   Was tun Sie an Ihrem getrennten Abend:
>   Restaurant, Kegeln, Kneipe, Musik, Kino, Sauna, Sport ...?
> 6. Einen Tag pro Monat gemeinsam miteinander (mit Kindern).
> 7. Einmal im Jahr einen Urlaub gemeinsam. Wie viele Tage ...?
> 8. Einmal im Jahr einen Urlaub jeder für sich. Wie viele Tage ...?

Wenn die Bemühungen um eine gemeinsame Zeit einmal fehlgeschlagen sind und die Stimmung ganz tief gesunken ist, können Sie mit der folgenden Übung den Anderen als einen ersten Schritt der Annäherung spüren lassen, wie wichtig er ihnen ist.

> **Übung:** *Etwas für den Anderen tun*
>
> Fragen Sie Ihren Partner: »Was kann ich in der kommenden Woche für Dich tun, damit es Dir ein bisschen besser geht?«
> Der Partner benennt konkret einen überschaubaren Wunsch (Ausgehen, Massage, eine Pflicht übernehmen ...).
> Sie entscheiden, ob Sie das für den Anderen tun möchten. Wenn nicht, erklären Sie Ihre Einwände und bitten Sie um einen neuen Vorschlag.
> Daraufhin umgekehrt dasselbe. Es müssen aber nicht unbedingt jedes Mal beide etwas für den Anderen tun. Es geht nicht um Gerechtigkeit, sondern um Liebe.

Regel 6: Pflegen Sie die Leidenschaft!

Der Energiespender der Liebe ist die Leidenschaft: die emotionale Berührung, die Begeisterung für gemeinsame Projekte und Visionen, die sexuelle Ekstase und die Hingabe an den Anderen. Diese Quelle des Glücks verflacht, wenn man sie nicht kultiviert. Das trifft besonders auf die Sexualität zu, die viele Menschen für naturgegeben halten, um dann irgendwann mit Bedauern festzustellen, dass sie immer gleichförmiger wird.

Sexualität und Beziehung werden in unserer Gesellschaft voneinander abgespalten; es gibt traditionell eine Sexualtherapie unabhängig von der Paartherapie. Dabei ist Sexualität der unmittelbarste Ausdruck der Liebe. Oft steht Sexualität aber auch für ganz andere Dinge: Belohnung, Selbstwertbestätigung, Spannungsabbau, Prestige, Macht, Besitz und soweiter. Es gibt andere potente Energiequellen der Liebe: Sehnsucht, Fürsorge, Vertrauen, auch gemeinsame Projekte und Visionen. Doch die stärkste ist die Sexualität. Dafür haben Menschen schon alles riskiert – hauptsächlich ihre Gesundheit –, ein Beleg dafür sind unter anderem die Aids-Toten der letzten Jahrzehnte. Im Rausch der Sexualität lassen die Menschen alle Rationalität hinter sich. Sie ist in ihrer Macht so bedrohlich, dass sie in unserem christlichen Kulturkreis zweitausend Jahre lang, bis vor rund fünfzig Jahren, mehr oder weniger tabuisiert war und es im Islam noch immer ist. Nach wie vor scheint sie eine gesellschaftliche Bedrohung darzustellen. Denn kaum beginnt eine Gesellschaft, sich von moralischem Ballast zu befreien, tritt die Prüderie wieder auf den Plan wie beispielsweise in der Keuschheits-Bewegung in den USA, dem Land, wo in der weltweit größten Pornoindustrie 12 000 Männer und Frauen damit beschäftigt sind, jährlich 11 000 Pornos zu drehen.

In anderen Kulturen war dies nicht so. Es ist gar nicht nötig, bis in die Jungsteinzeit zurückzugehen. Im Orient gibt es, wie in Kapitel 5 erwähnt, tantrische und taoistische Philosophien und Praktiken der Sexualität und Erotik, in denen sie als positive, gesunde und spirituelle Kraft verstanden wird. Wozu sonst, muss man sich ja fragen, haben die Menschen wohl das schon erwähnte Geschenk der Dauerbrunft von der Natur erhalten? Obwohl Sexualität etwas sehr Natürliches ist, scheint der Umgang, den die meisten Menschen mit ihr pflegen, eher unnatürlich, nämlich in der Variationsbreite begrenzt.

Seit den Untersuchungen der Sexualforscher Kinsey, Masters & Johnson sowie Hite – das heißt seit fünfzig Jahren – ist bekannt, dass die menschliche Sexualität viel mehr Variationsmöglichkeiten bietet, als viele Paare für sich in Anspruch nehmen. Sie muss daher nie langweilig werden. Entsprechende Bücher, in denen die Vielfalt des Sexualverhaltens beschrieben wird, wie *Joy of Sex* von Alex Comfort oder *For yourself* von Lonnie Barbach werden dennoch von vielen Menschen mit Scham betrachtet. Die Intention der ›Entschämung‹, die ein zentrales Anliegen dieser Bücher ist, ist bisher nicht vollständig verwirklicht worden. Neben der Aufhebung des Tabus der Masturbation und der vielfältigen Positionen und Varianten des Geschlechtsverkehrs war es ein wichtiges Ziel für die Emanzipation der Sexualität, die Orgasmusfixierung aufzuheben – besonders die des Mannes. Wie das zu bewerkstelligen ist, war aber schon mehr als zweitausend Jahre bekannt, wie in Kapitel 5 erwähnt wurde.

Die Sexualwissenschaft geht von einer grundsätzlichen Ähnlichkeit der sexuellen Erregungskurve bei Mann und Frau aus. Vier Phasen folgen aufeinander: Erregung, Plateau, Orgasmus und Erholung. Sie haben allerdings bei den beiden Geschlechtern einen unterschiedlichen Verlauf, und die Kunst der Erotik besteht darin, die Erregungskurven von Mann und Frau aufeinander abzustimmen. Viele Frustrationen und Störungen der Sexualität hängen mit einem asynchronen Verlauf der Erregung bei Mann und Frau und einer leistungsorientierten Haltung zusammen. Dadurch wird Sexualität mit Angst besetzt und die Ekstase verhindert. Die häufigsten Störungen sind Erektionsschwäche und Verkrampfung der Vagina (Vaginismus) in der Erregungsphase und vorzeitiger Samenerguss (Ejaculatio präcox) und Anorgasmie in der Orgasmus-Phase. Sexuelle Störungen korrespondieren mit populären Vorurteilen, wie Bernie Zilbergeld sie zusammengestellt hat, dass nämlich der Mann die Frau in der Sexualität überwältigt, indem er kaum Gefühle zeigt; dass Sex immer koital sei, dass Leistung zähle, der Mann jederzeit eine Erektion haben kann, dass Orgasmus das Ziel aller Zärtlichkeit sei und so weiter.

Das Geheimnis der befriedigenden Sexualität besteht in einer Verlängerung der Plateau-Phase beim Mann und einer Entzerrung der Sexualität durch eine Einstellung, der es um

Sinnlichkeit, Zärtlichkeit, Nähe und Austausch geht, die also nicht den Orgasmus als alleiniges Ziel hat. Um die Sinnlichkeit in der Sexualität zu steigern, bieten die vielen Variationen, den Anderen zu berühren, eine gute Gelegenheit. Streichelübungen jeweils mit und ohne Einbeziehung der Genitalbereiche, Koitus mit und ohne Orgasmus werden in der Fachliteratur »sensate focus« genannt, und in zahlreichen Büchern finden sich Anleitungen dazu.[33]

Sie können den Körper des Geliebten, der Geliebten erkunden, ihn/sie an einem Abend nur an Rücken, Kopf und Nacken streicheln und dabei in der Form der Berührung zwischen Streicheln, Massieren, Klopfen, Zupfen, Küssen und Saugen abwechseln, um herauszufinden, was dem Anderen besonders gefällt. An einem anderen Abend können sie Bauch, Arme und Beine streicheln, ohne die Geschlechtsteile zu berühren. An einem anderen Abend können Sie die Geschlechtsteile einbeziehen, ohne dass es zum Orgasmus kommt. An einem anderen Abend können Sie die Geschlechtsteile einbeziehen und dem Anderen oral oder manuell einen Orgasmus schenken. An einem anderen Abend können Sie sich sexuell vereinen und die intime Berührung in sich aufnehmen, ohne sie durch Orgasmus zu beenden. Auf diese Weise wird die Sexualität durch Zärtlichkeit angereichert, die vielleicht schon in der Routine verloren gegangen war.

Den Körper des Anderen mit den Händen zu erforschen, ist wie die Erkundung eines fremden Terrains. Poeten vergleichen den Körper mit Landschaften und anderen sinnlichen Erfahrungen:

Die Brüste der Frau wie weiße Hügel,
die Haut aus Moos und gieriger Milch ...

Pablo Neruda (Benedetti 2003)

oder

Dein Haar wie zähflüssiger Herbst, Wasserfall in der Sonne
Die weiße Strenge Deiner Zähne, gefangene Kannibalen in
Flammen
Deine Augen wie karamelisierter Zucker,
Orte, in denen die Zeit stehen bleibt.
Täler, die nur meine Lippen kennen
Hohlweg des Mondes,
der sich aus Deinen Brüsten zur Kehle erhebt
Octavio Paz (Benedetti 2003)

Um die sexuelle Vereinigung aus der Verödung einer einzigen Stellung zu befreien, können Sie die Anleitungen von Lou Pagets Bücher *Der perfekte Liebhaber* und *Die perfekte Liebhaberin* oder von Alex Comforts *Joy of Sex* nutzen. Um die Verantwortung für Neugier auf bisher ausgelassene Formen der sexuellen Lust etwas zu mildern, können Sie eine Seite in dem Buch von Comfort zufällig aufschlagen und anschließend gemeinsam entscheiden, ob Sie diese Form der Zärtlichkeit ausprobieren möchten. Einer kann dabei die Argumente dagegen formulieren, und der Andere hat die Aufgabe, sie zu entkräften. Oder nehmen Sie die Kamasutrabox mit 30 Fototafeln von Natascha Meier und ziehen Sie eine Karte. Einem gläubigen Paar, das über die Eintönigkeit ihres Sexuallebens klagte, habe ich klar zu machen versucht, dass es eine Sünde sei, Gottes großzügige Gabe der permanenten sexuellen Bereitschaft und Variationsbreite zu vernachlässigen. Daher müssten sie bis zur nächsten Sitzung durch Aufschlagen einer beliebigen Seite aus Comforts Buch eine Übung aufsuchen und durchführen – als Sühne für ihren Undank und die Missachtung des Gottesgeschenkes. In der nächsten Sitzung berichteten sie verschämt, sie hätten vorsichtshalber gleich zweimal gesühnt ...

Zur Verzögerung der Ejakulation des Mannes können die traditionellen Verschluss- und Druck-Techniken der östlichen Tradition angewendet werden, wie sie in Anands zeitgenössischer Darstellung der tantrischen Erotik beschrieben werden, die es dem Mann nach einiger Übung möglich machen, die Ejakulation allein durch die Vorstellung zu verhindern und seine Erregungskurve in der beschriebenen Art der Frau anzugleichen (Kapitel 5). Dann kann er nacheinander innere Orgasmen (Emissionen) erleben, während die Frau ebenfalls vielfache Orgasmen hat. Er kann, wenn er darauf nicht verzichten will, die Ejakulation aufschieben, bis die Partnerin ihre Orgasmen erlebt hat, und sich mit dem letzten Orgasmus der Frau zusammen oder danach die Ejakulation gönnen. Der Orgasmus muss nicht als eine auf die Genitalien beschränkte Empfindung erlebt werden, vielmehr kann im Moment des Höhepunktes der ganze Körper davon energetisch durchströmt werden – als würde die Wirbelsäule als Verbindung von Kopf und Genitalien diesen Energiestrom ermöglichen.

Wenn Sie herausfinden wollen, wie sehr Geduld und Verzögerung die Lust steigern können, lesen Sie zusammen die orientalische Geschichte *Mondjuwel*, in der beschrieben wird, wie der Mann sich über Wochen der sexuellen Vereinigung so langsam annähert, dass es am Ende nichts mehr gibt, was für die beiden Liebenden wichtiger wäre und zur vollkommenen Ekstase führt.

Die Kunst, ein guter Liebhaber und eine gute Liebhaberin zu sein, wird sehr gründlich in den schon genannten Büchern von Paget beschrieben. Eine Art, die Neugier zu steigern und etwaige Gefühle der Schamlosigkeit zu lindern, ist folgendes Experiment, das der Sexualtherapeut Ulrich Clement beschreibt.

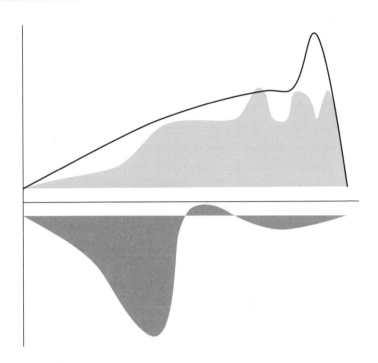

Abbildung 7: Sexuelle Erregungskurven von Mann (unten) und Frau (oben). Die dunkle Linie (oben) stellt die Erregungskurve des Mannes mit verzögerter Ejakulation und mehrfacher Emission dar.

Übung: *Ideale Inszenierung*

Angenommen, Ihr Partner hätte nichts zu sagen: Wie würden Sie sich eine Situation für eine sexuelle Begegnung vorstellen, die ganz nach Ihren Wünschen gestaltet wird? Beschreiben Sie dieses Szenario in allen Details und verschließen Sie die Beschreibung in einem Briefumschlag. Anschließend reden Sie miteinander darüber, unter welchen Umständen Sie die Beschreibung Ihrer Wunschvorstellung dem Anderen mitteilen würden. Keiner von beiden muss seinen Text je dem An-

> deren eröffnen. Und trotzdem werden Sie interessante Dinge über Ihre Sexualität und die damit verbundenen Ängste herausfinden. Indem Sie die Ängste klären und gemeinsam überwinden, können Sie zu Ihrer ganzen Sexualität vordringen. Sie können sich auch gleich auf die Inszenierung einlassen, die der Andere für Sie vorbereitet hat, und sich dabei die Augen verbinden lassen, wenn Sie ihm vollkommen vertrauen.

Regel 7: Bleiben Sie neugierig auf einander!

In der Verliebtheit sieht man nur einen Teil des Anderen, oft sogar in illusionärer Verklärung. Aber wenn Liebe bedeutet, den Anderen zu sehen – nicht nur das in ihm, was ist, sondern auch das, was möglich ist –, dann ist Liebe ein ständiges Erforschen des Anderen. Oft bleiben Paare bei einem fixierten Bild vom Anderen stehen, finden ihn nach einer Weile langweilig, glauben nicht, dass er sich verändert, oder wollen nicht ihre Haltung dem Anderen gegenüber revidieren, weil es unbequem wäre. In Wahrheit birgt der Andere genügend Unbekanntes und entwickelt sich weiter, sodass die Möglichkeiten, Neues an ihm zu entdecken, nie aufhören. Nicht, dass alle Entdeckungen bequem wären, aber das Interesse und das Akzeptieren von immer neuen Seiten des Anderen vermehrt die Intimität der Partner und bestärkt ihre Liebe.

Erst liebt man am Anderen die Fremdheit, die Welt, die man entdecken möchte. Und später liebt man das Vertraute. Ist das noch dieselbe Liebe? Es sieht dann so aus: bloß keine Überraschungen, das Abendessen zur gewohnten Zeit, der Beischlaf in der gewohnten Weise, die Meinungen über Politik, Mode, Urlaub und Bekannte: alles wie gewohnt. Was hat sich geändert, seit die Hände den Anderen zu entdecken suchten, die Täler und Hügel, die warmen und kalten Flächen, die trockenen und die feuchten Zonen, die harten und die weichen Stellen? Und den Geruch und den Geschmack des Körpers. Wie empfindest du diesen Moment, wie findest du diesen Film, und gefällt dir dieses Buch? Was hältst du von dem Mann dort auf der Straße, und findest du die Frau am anderen Tisch attraktiv? Die Neugier auf das, was im Anderen vorgeht – soll die Liebe nach einiger Zeit ohne diese Neugier auskommen?

Zuerst ist der Andere ein Unbekannter, bei dem man sich aufgrund einer tief sitzenden Empfindung dennoch sicher fühlt und die Ahnung hat, dass es tausend angenehme Überraschungen geben wird. Dann erkundet man sich gegenseitig: zuerst mit dem langen Blick, dann begegnen sich Worte, die zueinander passen; dann erforscht man mit dem Tastsinn gegenseitig die Körper – noch bevor man weiß, welche Wünsche und Ideen, welche geheimen Erwartungen der Andere mitbringt. Dann macht man sich daran, die Gefühle auszuloten, gemeinsam bewegt zu sein von einem Anblick, einem Genuss, gemeinsam berührt zu sein von einem Erlebnis, einem Drama. Sich getrauen, seine Ängste und seine Unsicherheiten dem Anderen mitzuteilen, kommt viel später. Vielleicht gab es auch zuerst einen langen Gedankenaustausch über Ideen und Gefühle, bevor es zu gemeinsamen konkreten Erfahrungen kam – per Internet oder altmodisch als Briefwechsel.

Die Erkundung des anderen Kontinents geht weiter auf der Suche nach Gemeinsamkeiten und Ergänzungen, aber auch nach verletzbaren Stellen, die es zu schützen gilt, wie in Regel 4 beschrieben wurde. Auf der körperlichen Ebene ist es die Erkundung der lustvollen und empfindsamen Zonen, den Varianten des Orgasmus. In den Gefühlen ist es die Suche nach den Quellen von Freude, Sehnsucht, Stolz, Angst und Hilflosigkeit. In den Gedanken ist es der Vergleich von Werten, Meinungen und Hoffnungen, die Abstimmung von Projekten und Visionen. Und im spirituellen Bereich sind es die Ideen über unsere Liebe, was sie bedeutet, warum gerade wir beide uns getroffen haben und welches Schicksal uns verbindet.

Und das soll alles nach einiger Zeit versickern wie ein Bach in der Wüste – im Alltagsgeschäft, in dem alle Kontakte zur Routine werden, wie wenn man mit einem Postauto nach Fahrplan durch die Welt des Anderen fährt, um kurz an vereinbarten Stationen die Post zuzustellen? Keine Schätze mehr zu entdecken? Keine Überraschungen über ähnliche Tiefen und Höhen? Kein Wunder, dass da Seitensprünge interessant werden, um den Hunger nach Entdeckungen zu stillen ebenso wie den Hunger, neu gesehen zu werden.

Der Psychoanalytiker Lukas Michael Moeller hat eine Methode erfunden, wie man sich immer wieder neu von dem überzeugen kann, was es im Anderen noch zu entdecken gibt. Er nennt es Zwiegespräche. Zunächst hat es den Anschein, als seien diese Gespräche eigentlich eher parallele Monologe. Jeder erzählt nämlich, was ihn gerade bewegt, und der Andere hört zu und kommentiert auf besondere Weise, nämlich ohne Vorschläge zu machen oder zu kritisieren, – ohne den Partner zu »kolonialisieren«, wie Moeller es ausdrückt. Jeder redet ziemlich viel von sich selbst. Das erscheint am Anfang langweilig. Ist es auch. Nach etwa einer halben Stunde stellt sich jedoch heraus, dass diese Art des abwechselnd nebeneinander herlaufenden Selbstberichts eine zunehmende Nähe schafft. Denn jeder erzählt aufgrund des Kolonialisierungs-Verbots Dinge, die er sonst nicht erwähnt hätte, da er ja nicht befürchten muss, korrigiert oder bewertet zu werden.

Der Erzähler erlebt sein freies Assoziieren nach einer Weile völlig angstfrei und ist dem Anderen dafür dankbar. Der Zuhörer auf der anderen Seite fühlt sich privilegiert, Zeuge dieser

Selbsterforschung zu sein. Da beide abwechselnd reichlich zu Wort kommen, hat jeder von beiden das doppelte Vergnügen, einerseits intimer Zeuge des Innenlebens des Anderen zu sein und andererseits einen bedingungslosen Zuhörer zu haben.

Diese etwas stilisierte Form des Austausches ist nicht die einzige Möglichkeit, mehr vom Anderen kennen zu lernen. Auch wenn man glaubt, schon alles über das Vorleben des Anderen und seinen Charakter zu wissen, gibt es Dinge, die er nie erzählt hat, weil er nie gefragt wurde. Und es gibt unendlich viel darüber zu erfahren, was der Andere noch erleben möchte und wie er sich das vorstellt. Eine andere Art, immer neue Seiten des Anderen kennen zu lernen, ist es, sich morgens nach dem Aufwachen oder beim Frühstück seine Träume aus der Nacht zu erzählen. Wenn man das zur Gewohnheit macht, erinnert man auch zunehmend mehr Träume.

Hier noch einmal zusammengefasst die Anleitung zu Zwiegesprächen. Es sieht einfacher aus, als es ist. Angemerkt werden muss allerdings noch, dass diese Form des Gesprächs nicht für Momente geeignet ist, in denen ein Konflikt im Raum steht.

Übung: *Zwiegespräche*

Keine Störungen während des Gesprächs.
Dauer mindestens eine Stunde.
Keine Flucht in Schlaf oder Zärtlichkeiten.
Jeder redet über sich.
Kein Zwang, beim Thema zu bleiben (assoziatives Schweifen der Gedanken).
Abwechselnd reden, jeder hat etwa gleiche Redezeit.
Keine bohrenden Fragen, kein Drängen.
Keine Ratschläge.

> Keine Kritik.
> Kein Kommentar.
> Möglichst regelmäßig –
> am besten einmal pro Woche, vor allem zu Beginn.
> Und haben Sie Geduld am Anfang.

Dich zu treffen, ohne Dich gegen Deinen Willen zu verführen.
Dich zu wollen, ohne Dich zu besitzen.
Dich zu lieben, ohne Dich zu vereinnahmen.
Dir alles zu erzählen, ohne mir untreu zu werden.
Dich zu halten, ohne Dich zu verschlingen.
Dich größer werden zu lassen ohne Dich zu verlieren.
Dich zu begleiten ohne Dich zu führen
Auf diese Weise in Dir ich selbst zu sein

Jacques Salomé

Zusammenfassung: Authentische Liebe

Die sieben Regeln beschreiben, was man tun kann, wenn man möchte, dass die Liebe im Alltag nicht untergeht. Die Regeln gehören zusammen, sie funktionieren nur im Verbund; für sich genommen, sind sie einzeln nicht sinnvoll. Die Neugier zu befriedigen (Regel 7) setzt voraus, dass man miteinander redet (Regel 5). Miteinander reden heißt, Zeit miteinander verbringen. Zeit für die Liebe miteinander zu verbringen scheint ohne Erotik (Regel 6) nur begrenzt möglich. Sexualität und Erotik liefern die Energie, die die Liebe lebendig werden lässt. Die Nähe, die mit den drei Regeln 5, 6 und 7 hergestellt wird, würde ausgehöhlt werden, wenn die gegenseitige Abgrenzung nicht möglich ist, die mit den Regeln 1 und 3 angestrebt wird. Die Balance zwischen Gemeinsamkeit und Abgrenzung scheint eines der Geheimnisse eines stabilen Zusammenlebens zu sein. Aber eine Perspektive erhält das Projekt Liebe erst, wenn in der Beziehung Entwicklung möglich ist. Hierin ergänzen sich die Regeln der Selbstverantwortung (Regel 2) und der Schonung des Anderen (Regel 4). Liebe heißt: den Anderen gedeihen lassen, ohne sich selbst zu verleugnen.

Die Entwicklung in der Liebe findet auf zwei Ebenen statt: einmal als die Entfaltung der individuellen Potentiale; darin können die Liebenden sich gegenseitig fördern beziehungsweise sich Raum geben. Die andere Ebene ist die Entwicklung der Beziehung in den drei Aspekten der Leidenschaft, der Verbindlichkeit und der Intimität. Beide Entwicklungen sind ineinander verschränkt. Die Entwicklung der Beziehung allein würde zu einem Managementproblem degenerieren, zur Aufgabe: Wie kann die Beziehung eine funktionierende Grundlage für das gemeinsame Leben bleiben? Aber darum geht es hier nicht. Denn das wäre keine Liebe, sondern Pragmatismus, Fitness, Technik der Lebensbewältigung. Der Sinn der Liebe bliebe davon unberührt.

Vielmehr geht es darum, dass die Liebe dem Leben einen Sinn geben kann, wie andere Dinge auch – etwa das Engagement für eine Aufgabe. Der Sinn, den die Liebe vermittelt, besteht darin, dass sie eine einzigartige Gelegenheit eröffnet, als Person zu wachsen. Man könnte fast glauben, die Liebe sei ein Trick der Natur mit dem doppelten Ziel der Fortpflanzung einerseits und der Weiterentwicklung der Person andererseits. Und es geht nicht nur um die Nachbearbeitung dessen, was alles in Kindheit und Jugend sowie in vergangenen Beziehungen zu kurz kam. Das wäre auch schon etwas, ein heilsamer Aspekt der Liebe.

Liebe ist aber mehr als Wundversorgung. Sie bietet die Gelegenheit, etwas für sich zu tun, das nur gemeinsam erreicht werden kann. Dadurch haben beide etwas davon, und es entsteht etwas Drittes, Neues. Physiker nennen das synergetisch: Es kommt mehr als die Summe der Teile dabei heraus. Durch das Wachsen jedes Einzelnen gewinnt die Beziehung eine immer wieder neue Qualität.

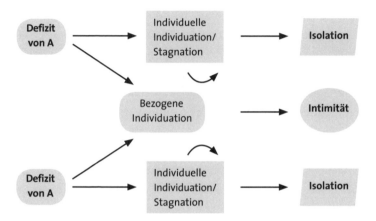

Abbildung 8: Differenzierung bzw. bezogene Individuation bedeutet, dass die Partner sich gemeinsam entwickeln (Koevolution) und dadurch ihre Liebesbeziehung wächst, im Gegensatz zur individuellen Individuation, bei der sich die Partner getrennt voneinander entwickeln und sich damit auch voneinander entfernen.

Der Einzelne wächst nicht nur aus seinen ganz persönlichen Problemen heraus. Liebe bedeutet Erweiterung von Grenzen auch noch in einem ganz anderen Sinn. Sie ist ein Zustand, der die in den westlichen Gesellschaften favorisierten Prinzipien des Opportunismus, der Konformität und der instrumentellen Vernunft hinter sich lässt. Das heißt nicht, dass die Liebenden zu Heiligen werden; es heißt, dass dadurch gemeinsam eine höhere Bewusstseinsstufe erreicht wird – so lange die Liebe besteht. Eine höhere, also auch komplexere Ordnung aufrechtzuerhalten kostet Energie. Man muss die Liebe gewissermaßen dauernd gegen den zweiten Hauptsatz der Thermodynamik verteidigen: gegen den Zerfall von Struktur, der ein Naturgesetz ist. In der freien Natur schützen sich Organismen durch ihren Metabolismus gegen diesen Zerfall, durch Nahrungsaufnahme, Bewegung, Regeneration, Wundheilung, Jagen, Sammeln, Ausscheidung und so weiter. Auch Liebe verlangt ständige Bemühungen um ihre Aufrechterhaltung und gegen ihren Verfall. Liebe ist tägliche Übung – wie Jogging, das den Körper fit hält, oder Yoga, der die Verbundenheit zwischen Geist und Körper aufrecht erhält, oder das Spielen eines Musikinstruments, das tägliches Üben erfordert. Auch Liebe ist eine Kunst, die Geschick und kontinuierliches Engagement voraussetzt.

Dabei bleiben die Partner verschieden, selbst wenn sie sich in der Liebe treffen. Es hat keinen Zweck, darüber hinwegzusehen, dass männliche und weibliche Lebensenergie eine unterschiedliche Qualität haben. David Deida, der amerikanische Bestsellerautor zum Thema Männlichkeit, beschreibt die Essenz der männlichen Energie als Zielrichtung, Mission, Projekt; die Essenz der weiblichen Energie als Fluss, Fülle, Einvernehmen mit den Anderen, mit dem Körper und der Natur. Jede der beiden Lebensformen für sich genommen endet im Nichts. Die weibliche Energie verströmt sich, zerfließt in Stimmungen, die keine Richtung haben, um am Ende schlimmstenfalls in Verzweiflung oder Depression zu versinken. Die männliche Energie verliert sich leicht in der Jagd nach dem Ergebnis: stundenlange Zielkorrektur, Verfeinerung der Methode, Vervollständigung des Inhalts – um am Ende einen ausgebrannten Menschen zurückzulassen oder einen, der in der Verkarstung des Zwanghaften vertrocknet. Eine Koevolution dagegen, in der das männliche und das weibliche Prinzip sich jeweils durch den Anderen verwirklichen, in der die Energie zielgerichtet fließt, sorgt dafür, dass der Kontakt zum Leben spürbar bleibt.

Männliche Energie ist nicht für Männer und weibliche nicht für Frauen reserviert. Männer wie Frauen können beides haben. Frauen können sogar in den männlichen Rollen einer männlichen Gesellschaft hauptsächlich ihre männliche Energie leben. Männer können umgekehrt in der Emanzipation der Gleichberechtigung hauptsächlich ihre weibliche Energie leben. Aber viele Männer könnten wahrscheinlich in unserer Kultur mehr zu der Synergie der Liebe beitragen, wenn sie ihre Zielgerichtetheit und Fähigkeit zur Struktur nutzen, und viele Frauen können in unserer Kultur wohl mehr zur Liebe beitragen, wenn sie ihre Fähigkeit zu fließen und aufzunehmen nutzen. Es wird sich in jeder Liebesbeziehung eine eigene Balance herstellen. Nur eins ist fatal: wenn der Mann mit seiner Zielorientierung die Fähigkeit der Frau, Fluss und Verbundenheit herzustellen, nicht würdigen kann und versucht sie abzuwerten, weil er meint, die männliche sei die höhere Lebensform. Das führt direkt zur Verachtung – einem der »Apokalyptischen Reiter« des Untergangs der Liebe. Ebenso fatal ist der umgekehrte Fall, dass die Frau sich über die Verbohrtheit des Mannes in der Verfolgung seiner Ziele erhebt. Vielmehr können beide, durch den Anderen hindurch, ihre eigene Energie mobilisieren und zur Geltung bringen.

Ungünstig ist es, dem Anderen zuliebe die eigene Lebensform aufzugeben. Dabei verbraucht sich viel Kraft im Kampf gegen sich selbst, man verblutet sozusagen innerlich. Authentizität dagegen verhindert den Verrat an sich selbst und die Aushöhlung der Beziehung. Liebe empfinden wir als etwas, das uns mit dem Anderen verbindet und ein bisschen über uns hinauswachsen lässt. Vielleicht finden Sie gelegentlich die Balance zwischen Hingabe an den Anderen und der Selbstliebe schwierig und fühlen sich vom Zusammenleben überfordert. Dann meditieren Sie über den Menschen, den Sie lieben, und finden Sie heraus, was Sie ihm geben können, ohne sich zu verleugnen. Sie können die folgende Übung einzeln machen oder schweigend zusammen und sich anschließend darüber austauschen.

Sie sollen dazu einen Zustand innerer Achtsamkeit einnehmen, um Ihre Empfindungen genauer zu spüren. Innere Achtsamkeit heißt, alle Wahrnehmungen und Gedanken zulassen. Das wird dadurch leichter, dass man innerlich alles mit dem Satz kommentiert: »Das ist so.« Man nimmt alles an; es gibt kein richtig oder falsch. Man nimmt einfach alles ohne Bewertung zur Kenntnis. Etwa: »Da hupt ein Auto; das ist so.« »Ich bin unruhig; das ist so.« und so weiter. Dabei können Sie sich wie in anderen Meditationsformen zwischendurch auf den Atem konzentrieren, um etwas zu haben, worauf Sie jederzeit zurückkommen können. Sie müssen zu dieser Übung keine bestimmte Körperhaltung einnehmen. Es ist einfacher, wenn Sie dabei die Augen schließen.

> Übung: *Verbundenheits-Meditation*
>
> Schaffen Sie eine ruhige Situation, nehmen Sie in einem bequemen Stuhl Platz; Hände in den Schoß legen, ohne dass sie sich berühren. Auf das Atmen achten; darauf, wie Sie beim Ausatmen jedes Mal tiefer in den Stuhl einsinken. Augen schließen. Nehmen Sie alles an sich wahr, die Empfindungen Ihres Körpers, Eindrücke von außen und Gedanken. Kommentieren Sie beiläufige Gedanken innerlich mit: »Das ist so«; drängende Gedanken mit: »Ich kann darauf zurückkommen«; und Befürchtungen mit »Fahre fort: Ich höre Dir zu«.

Auf diese Weise wird nach einiger Zeit das innere Geplapper verstummen.

Zunächst auf beliebige einzelne Wahrnehmungen achten: Geräusche, Licht, Füße, Rücken, Hände und so weiter.
Dann auf beliebige zwei Dinge gleichzeitig achten: Füße und Rücken, Geräusche und das Gewicht des Körpers im Stuhl und so weiter. Zwischendurch zum Atmen zurückkehren.

Dann auf beliebige drei Dinge gleichzeitig achten: Hände, Atmen und Licht und so weiter. Wenn Sie so weit gekommen sind, können Sie ein Ganzkörpergefühl entwickeln. Sie können alles gleichzeitig wahrnehmen: Füße, Beine, Rumpf, Arme, Kopf – der ganze Körper wie aus einem Guss, verbunden mit dem Stuhl, verbunden mit dem Fußboden.

Sie können jetzt spüren, dass Sie ein Teil vom Ganzen sind – nicht mehr getrennt von Teilen des Körpers oder der Umgebung. Sie können sogar das Gefühl haben, zum Ganzen dazu zu gehören, also eigentlich ein Teil des Ganzen zu sein. Es besteht dann kein Bedürfnis mehr, sich zu bewegen – Sie könnten es aber jederzeit.

Wenn Sie diesem Zustand erreicht haben, lassen Sie das Bild des Anderen vor Ihrem inneren Auge auftauchen. Sie schauen ihn an und können den Fußboden als Verbindung zum Anderen fühlen. Durch die Verbindung können Sie für einen Moment in den Anderen hineinschlüpfen und herausfinden, wie es ist, wenn der Andere zufrieden ist und lächelt, indem Sie dieses Gefühl in ihm, an seiner Stelle empfinden.

Sie können in diesem Zustand herausfinden, was der Andere braucht, um zufrieden zu sein und zu lächeln. Spüren Sie im Anderen sein Lächeln.

Dann kehren Sie zurück in den eigenen Körper, der im Stuhl sitzt und den Anderen sieht, wie er zufrieden lächelt. Jetzt wissen Sie, was der Andere von Ihnen braucht, damit er zufrieden sein kann! Können Sie ihm das geben? Und wenn ja: Wollen Sie ihm das geben?

Kehren Sie zum Atmen zurück. Trennen Sie sich wieder von dem Gefühl der Verbundenheit. Spüren Sie wieder, dass Sie ein eigener Mensch sind, abgegrenzt von der Umgebung. Werden Sie ganz munter und überprüfen Sie Ihre Haltung Ihrem Partner gegenüber.

Nachwort

Der erste lange Blick des Verliebens ist wie der Samen, den Gott in den Acker des Herzens legt der und uns spüren lässt, dass das Leben mehr ist als Verwirrtheit des Geistes und Traurigkeit des Gemüts.
Der erste Kuss ist wie die Blume, die aus dem Samen ans Licht sprießt und deren berauschende Schönheit unser Inneres mit Glück überflutet.
Und der erste Sex ist die Gewissheit, dass es etwas gibt, das größer ist als jede Angst in uns.
Und die Liebe ist die Gnade, die das Leben mit Sinn erfüllt.

Khalil Gibran

Und was ist der Sinn des Lebens, von dem der Sufi-Poet spricht? Es gibt keinen, sagen die Weisen. Der Sinn des Lebens ist leben, sagt der zeitgenössische Mystiker Alan Watts. So wie es der Sinn des Tanzens ist, sich zu bewegen und das zu genießen, und so wie es der Sinn von Musik ist, sie klingen zu lassen und daran Freude zu haben. Musik lässt uns die Zeit vergessen; wir hören den Klang und schließen zugleich den Klang der vorangehenden Takte und der vorangehenden Harmonien und Rhythmen ein, ohne dass es Vergangenheit ist, die wir ausgraben müssen. Wie das Erleben der Musik zeigt, ist die Gegenwart lang und reichhaltig – nicht nur ein kurzer Punkt auf der Zeitachse. Der Moment der Gegenwart scheint alles zu sein, was wir brauchen, um zu spüren, dass wir leben. Der argentinische Dichter Luis Borges drückt es in einem Gedicht, das er kurz vor seinem Tod schrieb, so aus: »*... was die meisten nicht wissen: Daraus besteht das Leben, nur aus Momenten.*«[34]

Es gibt in der Liebe eine Vergangenheit, aber wenn wir sie in die Gegenwart hereinholen, schmälert sie meist die Liebe. Wir empfinden beispielsweise Bedauern, wenn wir denken: *Wäre es doch noch so wie früher* oder schlimmer noch, wir empfinden Kränkung, wenn wir denken: *Was hast Du mir alles angetan, das werde ich Dir nie verzeihen*. Es gibt auch eine Zukunft in der Liebe. Aber wir brauchen sie nicht, wenn wir lieben. Die Gesellschaft braucht sie. Sie will – wie überall – auch in der Liebe die Zukunft einführen. Das ist verständlich. Die Gesellschaft will etwas erhalten, sie will die Ordnung. Aber die Liebe braucht keine Ordnung. Sie selbst ist eine höhere Ordnung.

Manche Menschen verwechseln Liebe mit der Organisation der Beziehung. Diese ist auch nötig, aber sie ist ein technisches Problem, so wie die Bürokratie im Leben nützlich ist, aber eben nicht das Leben ist. Wir leben, wenn wir in der Gegenwart aufgehen. Nirgendwo im Leben spüren wir die Gegenwart so wie in der Liebe. Lieben ist pures Leben. Die umständlichen Hilfskonstruktionen, die in diesem Buch eingeführt wurden, sollen nur dazu dienen, die Liebe von allem frei zu halten, was sie verhindern könnte.

Anmerkungen

1 Schmidt, 2003
2 Brebner 1998, Hills & Argyle 2001
3 Buss (1988).
4 Hofstätter (1964).
5 Eibl-Eiblsfeld (1998).
6 Eine zeitgenössische Anleitung zu tantrischer Erotik findet sich bei Anand (1995).
7 Chang (1991) beschreibt die taoistische Sexualpraxis.
8 Derartige Anleitungen finden sich bei Arentewitcz & Schmidt (1980), Kaplan-Singer (1979), Masters & Johnson (1970), Zilbergeld (1999) u.a.
9 Eine kurz gefasste moderne Fassung findet sich bei Fowkes (1997), eine noch kürzere praktische Anleitung bei Meier (2006) in 30 Bildkarten auf Karton.
10 Vgl. Kraft (2003).
11 Die Wichtigkeit der Polarisierung von Mann und Frau im Hinblick darauf, was sie jeweils zur Liebesbeziehung beitragen, wird ausführlich in den Büchern von Deida (z. B. 2004) beschrieben.
12 Solche Defizite kann man nach verschiedenen Überlegungen der Entwicklungs-Psychologie ordnen. Um diesen Gesichtspunkt zu erläutern, stütze ich mich auf psychoanalyti-

sche Denker wie Reich (1933) und Lowen (1979) oder Kurtz (1986).

13 Einige dieser Kombinationen sind gut erforscht, etwa die histrionisch-rigide (Reiter 1983), ängstlich-kontrollierende (Hafner 1977), depressiv (abhängige)-rigide (Feldman 1977) und die Sucht-Beziehung (Christensen et al. 1995) u.a.

14 Buss (1988), Buss & Schmitt (1993).

15 Buss et al. (1990).

16 Hatfield und Rapson (1993).

17 Levi-Strauss (1949).

18 Es gibt in unserer Gegenwart einige Kulturen, in denen die Rolle der Frau genauso bedeutend, wenn nicht bedeutender ist als die des Mannes, z. B. die Zapoteken in Mexiko (siehe Freudenfeld 2000).

19 Hillman (2004) S.17.

20 Bastian (2000).

21 Eisler (1997).

22 Gimbutas (1996).

23 Ein Handicap vieler Untersuchungen zur Paarbeziehung ist die Befragung oft kleiner Studentenstichproben, die im Durchschnitt Mitte 20 sind, auf wenig mehr als ein paar Liebesbeziehungen zurückblicken können und daher kaum ein differenziertes Bild von Liebe aus eigener Erfahrung entwickelt haben dürften.

24 Solche Fälle werden bei Hillman (2004) beschrieben.

25 Eine Zusammenfassung findet sich bei Revenstorf (1999).

26 Kegan (1986), Kohlberg (1976).

27 Die Idee des Beziehungsvertrages wurde zuerst von Sager (1976) beschrieben und später von Willi (1979) als Kollusion formuliert.

28 Kerckhoff & Davis (1962).

29 Sozialpsychologen haben Liebesbeziehungen oft auf ein Tauschgeschäft zu reduzieren versucht. Eine Zusammenfassung dieser Theorie findet sich bei Schindler et al. (1981) und Revenstorf (1999).

30 Der Psychoanalytiker und Mathematiker Matteblanco (1974) hat im Gegensatz zur asymmetrischen Logik unseres Alltagsbewusstseins die Logik der Kinder und der Träume als symmetrische Logik gekennzeichnet. Im Alltag benutzen wir Tätigkeitsbezeichnungen wie geben, sehen, berühren usw. transitiv, es wird also klar zwischen Subjekt und Objekt unterschieden. Ich schenke Dir; das heißt: Ich bin großzügig, und Du bist dankbar. Kinder dagegen sind nicht dankbar, wenn ihnen etwas geschenkt wird, denn sie gehen davon aus, dass sich beide darüber freuen. Und so ist es offensichtlich in der Liebe auch.

31 Dieses Konzept ist eine Standardstrategie verhaltenstherapeutischer Paartherapie und beispielsweise in dem Buch von Schindler, Halweg und Revenstorf (1998) beschrieben.

32 Vgl. dazu Thibaut & Kelly 1959.

33 Ausführliche Anleitungen finden sich bei Masters & Johnson 1970, Arentewicz & Schmidt 1980 oder Kaplan-Singer 1979.

34 In dem Gedicht *Momente*: »Por, sí, no lo saben de eso está hecha la vida: solo de momentos.«

Die besprochenen Fallbeispiele

Fall 1 Schwere Beine 46 f., 60 f., 112, 120, 154
Fall 2 Fischgräte 48, 63, 128 f., 133, 152
Fall 3 Knebelvertrag 64, 119, 129, 131, 159
Fall 4 Der Gerechte 65 f., 113
Fall 5 Aschenputtel – Prinz 117 f., 150–152
Fall 6 Heiratsflüchter 119 f., 123 f., 130, 159 f.
Fall 7 Sexfreak 147 f., 158 f.
Fall 8 Einzelkämpferin – Familientier 149 f., 160

Literatur

Ainsworth, M. D. S. (1989). Attachments beyond infancy. American Psychologist 44, 709–716.
Amendt, G. (1974). Haschisch und Sexualität. Eine empirische Untersuchung über die Sexualität Jugendlicher in der Drogensubkultur. Stuttgart: Enke.
Anand, M. (1995). Tantra oder die Kunst der sexuellen Ekstase. München: Goldmann TB 13847.
Arentewicz, G. & Schmidt, G. (1980). Sexuell gestörte Beziehungen. Heidelberg, New York: Springer.
Bach, G. R. & Wyden, P. (1968). The intimate enemy. How to fight fair in love and marriage. New York: Avon.
Bader, E. & Pearson, P. T. (1988). In quest of the mythical mate. New York: Brunner/Mazel.
Bandelow, B. (2006). Celebrities. Vom schwierigen Glück, berühmt zu sein. Reinbek: Rowohlt.
Barbach, L. G. (1982). For Yourself: Die Erfüllung weiblicher Sexualität. Frankfurt/M.: Ullstein.
Bartholomew, K. (1990). Avoidance of intimacy: An attachment perspective. Journal of Social and Personal Relationships 7, 147–178.
Bastian, T. (2000). Das Jahrhundert des Todes. Zur Psychologie von Gewaltbereitschaft und Massenmord im 20. Jahrhundert. Göttingen: Vandenhoeck & Ruprecht.

Bataille, G. (1994). Die Erotik. München: Matthes & Seitz.

Beck, U. & Beck-Gernsheim, E. (1990). Das ganz normale Chaos der Liebe. Frankfurt/M.: Suhrkamp.

Benedetti, M. (2003). Poesías de amor hispanoaméricas. La Habana: Fondo Editorial Casa de las Américas. Die Übersetzungen im Text stammen vom Autor.

Bennholdt-Thomsen, V. (Hrsg.) (1997). Juchián – Stadt der Frauen. Hamburg: Rowohlt.

Bowlby, J. (1975). Bindung. Eine Analyse der Mutter-Kind-Beziehung. München: Kindler.

Brebner, J. (1998). Happiness and Personality. Personality and Individual Differences 25, 279–296.

Bruckner, P. (2001). Verdammt zum Glück. Berlin: Aufbauverlag.

Buss, D. M. (1988). Love acts: The evolutionary biology of love. In: Sternberg, R. J. & Barnes, M. L.: The Psychology of Love, New Haven, CT: Yale University Press.

Buss, D. M. & Schmitt, D. P. (1993). Sexual strategies theory: An evolutionary perspective on human mating. Psychological Review 100, 204–232.

Chang, J. (1991). Das Tao der Liebe. Unterweisungen in altchinesischer Liebeskunst. Reinbek: Rowohlt.

Christensen, E. (1995). My parent is an alcoholic. A study of 32 children and their parents. Copenhagen: The Danish National Institute of Social Research.

Clement, U. (2003). Systemische Sexualtherapie. Stuttgart: Klett-Cotta.

Comfort, A. (1972). New Joy of Sex. München: Ullstein. (München: Heyne, 2003)

Corneau, G. (1999). Kann denn Liebe glücklich sein? Berlin: Rowohlt.

Czikszentmihalyi, M. (1992). Flow. Das Geheimnis des Glücks. Stuttgart: Klett-Cotta.

Darwin, Ch. (1863). Über die Entstehung der Arten. Stuttgart: Schweizerbart.

Deida, D. (2004). The way of the superior man. Bouldser: Sounds True.

Duvall, E. M. (1977). Marriage and family development. New York: Harper & Row.

Ellis, A. & Harper, R. (1975). A New Guide to Rational Living. Hollywood: Wilshire.

Erikson, E. H. (1963). Childhood and society. New York: Norton. (Dt.: Kindheit und Gesellschaft. Stuttgart: Klett-Cotta, 14. Auflage, 2005).

Feldman, L. B. (1976). Depression and marital interaction. Family Process 15, 389–395.

Fisher, H. E. (1989). Evolution of human serial pair-bonding. American Journal of Physical Anthropology 78, 331–354.

Fowkes, C. (Hrsg.) (1997). Kamasutra. Die Geheimnisse fernöstlicher Liebeskunst. München: Bassermann.

Frankl, V.E. (2005). Der Wille zum Sinn, Bern: Hans Huber.

Freud, S. (1969). Beiträge zur Psychologie des Liebeslebens. Schlußwort. In: G. W. VIII. Frankfurt/M.: Fischer.

Freud, S. (1972). Abriss der Psychoanalyse. Das Unbehagen in der Kultur. Frankfurt/M. Fischer.

Freudenfeld, E. (2000). Liebesstile, Liebeskomponenten und Bedingungen für Glück und Trennung bei deutschen und mexikanischen Paaren. Dissertation, Universität Tübingen.

Gebser, J. (1992). Ursprung und Gegenwart. München: dtv.

Gimbutas, M. (1996). Die Zivilisation der Göttin. Frankfurt/M.: Zweitausendundeins.

Gottman, J. M. (1995). Laßt uns einfach glücklich sein. München: Heine.

Grammer, K. (1993). Signale der Liebe. Hamburg: Hoffmann & Campe.

Hafner, R. J. (1977). The husbands of agoraphobic women: Assortative mating or pathogenic interaction? British Journal of Psychiatry 30, 233–239.

Hatfield, E. & Rapson, R. L. (1993). Love, Sex and Intimacy. New York: Harper Collins College Publishers.

Hillman, J. & Ventura, M. (1993). Hundert Jahre Psychotherapie ‚und der Welt geht es immer schlechter. Düsseldorf: Walter.

Hillman, J. (2004). A terrible love of war. London: Penguin books.

Hite, S. (1976). The Hite report. New York: McMillan. ### Dt.:

Hofstätter, P. R. (1964). Sozialpsychologie. Berlin: de Gruyter.

Hüther, G. (2003). Die Evolution der Liebe. Göttingen: Vandenhoeck & Ruprecht.

Jens, W. (1992). Über die Freude. In: Einspruch. Reden gegen Vorurteile. München: Kindler, S. 201–213 (S. 204).

Johnson, S. (1985). Body Structure and Character Formation. New York: Norton.

Jung, C. G. (1967). Animus und Anima. Zürich: Rascher.

Kaplan-Singer, H. (1979). Sexualtherapie. Ein neuer Weg für die Praxis. Stuttgart: Enke.

Kegan, R. (1986). Die Entwicklungsstufen des Selbst. München: Kindt.

Kerckhoff, A. C. & Davis, K. (1962). Value consensus and need complementary in mate selection. American Sociological Review. 27, 295–303.

Kinsey, A. C. et al. (1954). Das sexuelle Verhalten der Frau. Frankfurt/M.: Fischer.

Kohlberg, L. (1976). Collected papers on moral development and moral education. Cambridge, MA: Center for Moral Development.

Kraft, F. (2003). Avalanches and Awakening. Moolumbimbi: Inner & Outer Adventure Publishing.

Kurtz, R. (1986). Körperzentrierte Psychotherapie. Essen: Synthesis.

Lee, J. A. (1988). Love-Styles. In: R. J. Sternberg & M. L. Barnes (Hrsg.). The Psychology of Love.

Lévi-Strauss, C. (1949). Les structures élémentaires de la parenté. Paris. (Dt. Ausgabe: Die elementaren Strukturen der Verwandtschaft. Frankfurt/M. 1981).

Lorenz, K. (1951). Das sogenannte Böse. München: Piper.

Lowen, A. (1979). Bioenergetik. Therapie der Seele durch Arbeit mit dem Körper. Reinbek: Rowohlt.

Lusseyran, J. (1994). Bekenntnis einer Liebe. Stuttgart: Freies Geistesleben.

Mahler, M. S. (1972). Symbiose und Individuation. Bd. I: Psychosen im frühen Kindesalter. Stuttgart: Klett.

Masters, W. H. & Johnson, V. E. (1970). Die sexuelle Reaktion. Wissenschaftl. Bearb. V. Sigusch, Reinbek: Rowohlt.

Matte-Blanco, I. (1975). The Unconscious as Infinite Sets. London: Duckworth.

McKenna, T. (1992). Food of the gods. New York: Bantam Books.

Mead, M. (1992). Mann und Weib. Frankfurt/M.: Ullstein.

Meier, N. (2006). Das Kamasutra. München: Gräfe und Unzer.

Mees, U. (1997). Ein Vergleich der eigenen Liebe zum Partner mit der vom Partner erwarteten Liebe. In E. H. Witte (Hrsg.), Sozialpsychologie der Paarbeziehungen. Lengerich: Pabst.

Miller-Fishman, B. & Asher, L. (1997). Die Resonanz-Beziehung. Hamburg: Rowohlt.

Moeller, M. L. (1988). Die Wahrheit beginnt zu zweit. Reinbek: Rowohlt.

Moeller, M. L. (1996). Liebe ist ein Kind der Freiheit. Reinbek: Rowohlt.

Moeller, M. L (2002). Auf dem Wege zu einer Wissenschaft der Liebe. Reinbek: Rowohlt.

Nadelson, C., Polonsky, D. & Mathews, M. A. (1979). Marriage and midlife: The impact of social change. Journal of Clinical Psychiatry 40 (7), 292–298.

Neumann, E. (1995). Ursprungsgeschichte des Bewußtseins. Frankfurt/M.: Fischer.

Nieden, S. (1994). Weibliche Ejakulation. Beiträge zur Sexualforschung. Stuttgart: Enke.

Paget, L. (2000). Die perfekte Liebhaberin. München: Goldmann.

Paget, L. (2001). Der perfekte Liebhaber. München: Goldmann.

Patterson, G. R. (1975). Families: Applications of social learning to family life. Champaign: University Press.

Peck, S. M. (1986). Der wunderbare Weg. München: Goldmann.

Piaget, J. & Inhelder, B. (1972). Die Psychologie des Kindes. Olten: Walter.

Pierrakos, J. C. (1990). Core energetics. Developing the capacity to Love and Heal. Mendocino: Life Rhythm.

Reich, W. (1933). Charakteranalyse. Wien: Internationaler Psychoanalytischer Verlag.

Reiter, L. (1983). Gestörte Paarbeziehungen. Göttingen: Vandenhoeck & Ruprecht.

Revenstorf, D. (1999). Wenn das Glück zum Unglück wird. München: Beck.

Revenstorf, D. (2000). Liebe und Paartherapie. In: S. Sulz (Hrsg.): Paartherapien. München: CIP-Medien.

Revenstorf, D. & Freudenfeld, E. (1998). Beziehungs- und Sexualstörungen: Intervention. In: Baumann, U. & Perrez, M. (Hrsg.). Lehrbuch Klinische Psychologie – Psychotherapie. Bern: Hans Huber.

Sager, C. J. (1976). Marriage contracts and couples therapy. New York: Brunner & Mazel.

Schindler, L., Hahlweg, K. & Revenstorf, D. (1981). Partnerschaftsprobleme: Möglichkeiten zur Bewältigung. Heidelberg: Springer.

Schnarch, D. (1997). Passionate Marriage. New York: Henry Holt & Company. Dt.: Die Psychologie sexueller Leidenschaft. Stuttgart: Klett-Cotta, 6. Auflage 2008.

Schwartz, R. C. (1997). Systemische Therapie mit der inneren Familie. München: Pfeiffer.

Shaver, P. & Hazan, C. (1987). Being lonely, falling in love. Journal of Social Behavior and Personality 2, 105–124.

Shaver, P., Hazan, C., Bradshaw, D. (1988). Love as Attachment: The Integration of Three Behavioral Systems, in: Sternberg, The Psychology of Love.

Solomon, R. C. (2000). Gefühle und der Sinn des Lebens. München: Zweitausendeins.

Sternberg, R. J. & Barnes, M. L. (Hrsg.) (1988). The Psychology of Love. New Haven: Yale University Press.

Stierlin, H. (1978). Delegation und Familie. Frankfurt/M.: Suhrkamp.

Swenson, C. H. (1972). The behavior of love. In: H. O. Otto (Ed.). Love today: A new exploration. New York: Association, 35–56.

Thibaut I. W. & Kelly H. (1959). The Social psychology of groups. New York: Transaction Publ.

Watts, A (1998). Leben ist jetzt. München: Herder.

Watzlawick, P., Beavin, J. H. & Jackson, D. D. (1969). Menschliche Kommunikation. Bern: Huber.

Watzlawick, P., Weakland, J. H. & Fisch, R. (1974). Lösungen. Zur Theorie und Praxis menschlichen Wandels. Bern: Huber.

Weiss, H. (2007). WW8 - Ein Instrument (auch) für die Paartherapie - Die Analyse von Wechselwirkungen in kritischen dyadischen Beziehungssituationen. In: Familiendynamik 32, 330–345. Stuttgart: Klett-Cotta.

Wilber, K. (1991). Wege zum Selbst. München: Goldmann.

Willi, J. (1975). Die Zweierbeziehung. Reinbek: Rowohlt (Aktualisierte Ausgabe, Stuttgart: Klett-Cotta, 2008).

Willi, J. (1993). Was hält Paare zusammen? Reinbek: Rowohlt.

Xu, X. & Whyte, M. K. (1990). Love matches and arranged marriages: A Chinese replication. Journal of Marriage and Family 52, 709–722.

Zilbergeld, B. (1999). Männliche Sexualität. Tübingen: DGVT.

Zimmer, D. (1985). Sexualität und Partnerschaft. München: Urban & Schwarzenberg.

www.klett-cotta.de / psycho

Jürg Willi:
Wendepunkte im Lebenslauf
Persönliche Entwicklung unter veränderten Umständen – die ökologische Sicht der Psychotherapie
381 Seiten
gebunden
mit 7 Abbildungen
ISBN 978-3-608-94438-9

Wie kann man aus seinem Leben eine »gute« Geschichte machen?

Lebenswenden werden oft durch Krisen herbeigeführt oder vollziehen sich in einem allmählichen Prozess des Wandels. Beides kann, wie Jürg Willi beschreibt, als Chance für eine neue positive Entwicklung genutzt werden.

»… Die Mühsal des Zusammenraufens steht und fällt für den christlich geprägten Liebesexperten mit der Fähigkeit Kritik zu formulieren und anzunehmen. …«
Kurt-Martin Mayer, Focus

KLETT-COTTA

www.klett-cotta.de / psycho

David Schnarch
**Die Psychologie
sexueller Leidenschaft**
Mit einem Vorwort von Jürg Willi
Aus dem Amerikanischen von
Maja Ueberle-Pfaff und
Christoph Trunk
511 Seiten
gebunden mit Schutzumschlag
Lesebändchen
ISBN 978-3-608-94161-6

»… ein Meilenstein der Therapie von Partnerschafts- und sexuellen Problemen, ein ›Muss‹ für alle Paar- und Sexualtherapeuten und durchaus auch empfehlenswert für Betroffene.«
Kirsten von Sydow, Psychologie Heute

Die Qualität der intimen Paarbeziehung – darum geht es David Schnarch, dem führenden amerikanischen Sexualforscher. Ihm gelingt es, die Potentiale in uns zu wecken, so dass wir ein Leben lang leidenschaftlich lieben können.

KLETT-COTTA